TURISMO DE NEGÓCIOS

Turismo de Negócios: Qualidade na Gestão de Viagens Empresariais
© 2005, 2014 Cengage Learning.
Todos os direitos reservados.

Direitos desta edição reservados ao
Serviço Nacional de Aprendizagem
Comercial – Administração Regional
do Rio de Janeiro.

Vedada, nos termos da lei, a
reprodução total ou parcial deste livro.

SISTEMA FECOMÉRCIO-RJ
SENAC RIO DE JANEIRO

Presidente do Conselho Regional
Orlando Diniz
Diretor-Geral do Senac Rio de Janeiro
Eduardo Diniz
Conselho Editorial
Eduardo Diniz, Ana Paula Alfredo,
Marcelo Loureiro, Wilma Freitas, Manuel Vieira
e Karine Fajardo

Publisher
Manuel Vieira
Editora
Karine Fajardo
Produção editorial
Camila Simas, Cláudia Amorim,
Jacqueline Gutierrez e Roberta Santiago
Revisão
Sabrina Primo

Editora Senac Rio de Janeiro
Rua Pompeu Loureiro, 45/11º andar
Copacabana – Rio de Janeiro
22061-000 – RJ
comercial.editora@rj.senac.br
editora@rj.senac.br
www.rj.senac.br/editora

Impressão: Bartira Gráfica e Editora S.A.

2ª edição revista e atualizada: dezembro de 2013

Dados Internacionais de Catalogação na Publicação (CIP)
(Câmara Brasileira do Livro, SP, Brasil)

Pelizzer, Hilário Ângelo
  Turismo de negócios : qualidade na gestão de
viagens empresariais / Hilário Ângelo Pelizzer. --
2. ed. rev. e atual. -- São Paulo : Cengage
Learning ; Rio de Janeiro : Editora Senac Rio
de Janeiro, 2013.

  Bibliografia.
  ISBN 978-85-221-1615-7 (Cengage Learning)

  1. Agências de viagens 2. Negócios 3. Turismo
4. Viagens empresariais - Controle de qualidade
I. Título.

13-10534   CDD-338.4791

Índices para catálogo sistemático:
  1. Turismo de negócios : Economia 338.4791

Hilário Ângelo Pelizzer

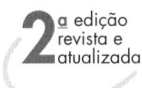

2ª edição revista e atualizada

TURISMO DE NEGÓCIOS

Qualidade na Gestão de Viagens Empresariais

CENGAGE Learning®

Senac

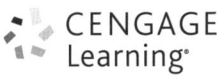

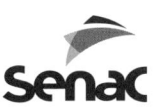

Turismo de Negócios: Qualidade na Gestão de Viagens Empresariais
2ª edição revista e atualizada
Hilário Ângelo Pelizzer

Gerente Editorial: Patricia La Rosa

Supervisora Editorial: Noelma Brocanelli

Supervisora de Produção Gráfica: Fabiana Alencar Albuquerque

Editora de Desenvolvimento: Gisela Carnicelli

Revisão: Raquel Benchimol

Projeto gráfico: Megaart Design

Diagramação: PC Editorial Ltda.

Capa: Megaart Design

Editora de direitos de aquisição e iconografia: Vivian Rosa

Analista de conteúdo e pesquisa: Javier Muniain

© 2005, 2014 Cengage Learning. Todos os direitos reservados.

Todos os direitos reservados. Nenhuma parte deste livro poderá ser reproduzida, sejam quais forem os meios empregados, sem a permissão, por escrito, das editoras. Aos infratores aplicam-se as sanções previstas nos artigos 102, 104, 106 e 107 da Lei nº 9.610, de 19 de fevereiro de 1998.

As editoras empenharam-se em contatar os responsáveis pelos direitos autorais de todas as imagens e de outros materiais utilizados neste livro. Se porventura for constatada a omissão involuntária na identificação de algum deles, dispomo-nos a efetuar, futuramente, os possíveis acertos.

As Editoras não se responsabilizam pelo funcionamento dos links contidos neste livro que podem estar suspensos.

> Para informações sobre nossos produtos, entre em contato pelo telefone **0800 11 19 39**
>
> Para permissão de uso de material desta obra, envie seu pedido para
> **direitosautorais@cengage.com**

© 2014 Cengage Learning. Todos os direitos reservados.

ISBN-13: 978-85-221-1615-7

Cengage Learning
Condomínio E-Business Park
Rua Werner Siemens, 111 – Prédio 20 – Espaço 4
Lapa de Baixo – CEP 05069-900 – São Paulo – SP
Tel.: (11) 3665-9900 – Fax: (11) 3665-9901
SAC: 0800 11 19 39

Para suas soluções de curso e aprendizado, visite
www.cengage.com.br

Impresso no Brasil.
Printed in Brazil.
1 2 3 4 5 6 7   16 15 14 13

Minha eterna homenagem e
gratidão à minha estrela guia,
Rita Nunes, e aos nossos filhos,
Cristiane e João Roberto,
que sempre nos orgulham.

Sumário

Apresentação _____ ix

1 ⇌ Agência de turismo

1.1 Natureza e funções da agência de turismo _____ 1
1.2 Sistemas operacionais informatizados em agências de turismo ___ 5
1.3 Registros e filiações _____ 6
1.4 Classificação das agências de turismo _____ 8
1.5 Estrutura funcional _____ 10

2 ⇌ Fornecedores/prestadores de serviços de turismo

2.1 Aspectos básicos da intermediação _____ 13
2.2 Acordos com o mercado ou o setor de turismo _____ 19
2.3 Bases contratuais da prestação de serviços _____ 21
2.4 Órgãos de apoio à operação das agências de turismo receptivo __ 25
2.5 Limites de autoridade e responsabilidade da agência de turismo _ 28

3 ⇌ Clientes de agências de turismo

3.1 Introdução _____ 33
3.2 Cliente pessoa física _____ 36
3.3 Cliente pessoa jurídica _____ 36
3.4 Política de gestão de contas corporativas _____ 40
3.5 Cadastramento de clientes _____ 41
3.6 Confecção do cadastro _____ 42
3.7 Forma de remuneração _____ 43
3.8 Fluxo de abertura de conta-corrente _____ 43
3.9 Procedimentos para a solicitação dos serviços _____ 44
3.10 Decálogo dos direitos do consumidor de serviços turísticos ____ 46

4 ⇌ Estruturação do turismo receptivo

4.1 Meios de transporte do núcleo receptor _____ 47
4.2 *Voucher* ou cupom de serviços _____ 48
4.3 *Tours* profissionais e visitas técnicas _____ 49
4.4 Planejamento dos roteiros básicos e especiais de turismo _____ 50
4.5 Cotização de roteiros _____ 52
4.6 Instrumentos de controle de serviços receptivos _____ 52
4.7 A relação com as empresas aéreas _____ 53

5 ⇌ Regulamentação do tráfego aéreo

5.1 Legislação aeroportuária _____ 57
5.2 Principais deveres do passageiro _____ 59
5.3 Bagagem – regulamentação e responsabilidade _____ 61
5.4 Documentos de transporte _____ 65

Glossário

Hotelaria _____ 69
Transportes _____ 70
Serviços de turismo emissivo e receptivo _____ 75

Anexos

Anexo 1 – Exercícios de pesquisa _____ 77
Anexo 2 – Exercícios de reciclagem e atualização _____ 78
Anexo 3 – Legislação turística específica _____ 84

Referências _____ 103

Apresentação

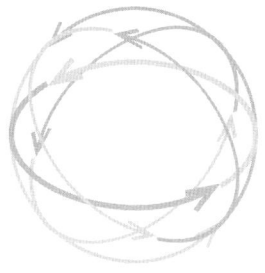

Muitas mudanças ocorreram – e continuam ocorrendo – no mercado de viagens de negócios, empresariais ou corporativas. Tecnologias, como a internet, ajudaram a dinamizar e a fortalecer a função da agência de turismo na relação entre cliente-agência de turismo e fornecedores/prestadores de serviços de turismo. As empresas correntistas (clientes) – modernamente denominadas contas ou empresas corporativas – necessitam saber por que não podem prescindir dos serviços profissionais de uma agência de turismo na aquisição dos serviços de viagens, seja de negócios, seja de turismo e lazer (particulares).

As prioridades dos clientes têm mudado com frequência. Até um passado muito recente, todos procuravam aviões a jato para viajar. Posteriormente, começaram a buscar os voos diretos (sem escalas), denominados *non-stop*. Em outro momento, buscavam os serviços de bordo e as classes diferenciadas. Hoje, a maioria procura, além do menor preço ou do maior desconto, *upgrades* para classes nobres, os melhores horários, serviço de bordo e atendimento. Será, entretanto, que tudo isso pode estar ao alcance do cliente ou é mera ilusão? O sucesso de uma viagem de negócios, turismo, lazer etc. depende de quem e de quê? Quais são os novos paradigmas para as viagens empresariais ou corporativas? Como alcançar o equilíbrio em um quadro de tantas mudanças, distorções, falácias, turbulências, com novas empresas, novas alianças, tarifas, alterações de voos, horários, sistemas de reservas (global *distribution system* – GDSs), multas? Como fica a questão da pós-viagem depois de tantos benefícios ofertados, notadamente a questão do reembolso, do endosso, do extravio de bagagem e de outros inconvenientes contratuais? E o eterno problema do *no-show* e do *overbooking*: quem paga a conta? E o controle de qualidade?

Nosso propósito nesta obra é oferecer aos envolvidos no setor de viagens empresariais ou corporativas algumas respostas a todas essas questões diante das grandes mudanças que caracterizam os novos tempos.

O leitor vai descobrir por que o parceiro estratégico para enfrentar os novos desafios é o agente de viagens, ou seja, a agência de turismo especializada em contas empresariais, a qual está devidamente preparada, estruturada e organizada para atender a esse importante segmento.

O agente de viagens é o único especialista capaz de superar todas as mudanças e adversidades para obter os melhores resultados no tocante não apenas à administração/gestão e ao controle de viagens empresariais mas também a viagens particulares e eventos especiais da organização. O tipo de atividade desenvolvida por esse agente permite que ele interaja com uma diversidade de profissionais – às vezes representados pela competente secretária executiva – e extraia desse relacionamento o substrato necessário para melhor atender o cliente.

A importância do profissionalismo nessa área de turismo de negócios ou de viagem de negócios foi ressaltada no seminário Ganhos de Produtividade Através da Administração de Viagens de Funcionários, promovido pela Câmara de Comércio e Indústria Brasil-Alemanha/São Paulo e pela Cestur/Via Sestur, em 1992.

Nesse evento, patrocinado por várias empresas de renome, foram destacados os imperativos do mercado altamente competitivo com que deparamos na atualidade, no qual não há mais lugar para improvisações, indecisões e altos custos nas viagens de executivos e funcionários. Levantou-se o problema segundo o qual, muito frequentemente, o profissional que cuida do setor de viagens em uma organização é responsabilizado por problemas decorrentes desses deslocamentos, tendo até de resolver questões pendentes, embora não possa ser culpado pelos imprevistos. Em geral, o profissional responsável pela solicitação dos serviços à agência de turismo não tem informações e conhecimentos suficientes a respeito dos fatores envolvidos em uma viagem, pois normalmente se divide entre essa tarefa e muitas outras. A importância da mediação do agente de viagens somente é percebida quando são contabilizados os custos de eventuais problemas ocorridos. Quando consideramos a complexidade e a velocidade das transformações em curso no setor de viagens, percebemos o quanto o conhecimento, as informações e a atualização são fundamentais.

Concluiu-se que a estratégia mais relevante para permitir *ganhos de produtividade por meio da administração de viagens de funcionários* é compreender a atividade da agência de turismo e de seus profissionais, que são parceiros na obtenção dos melhores resultados, com menores custos, para as viagens dos executivos e funcionários de uma organização.

No que se refere às agências de turismo, a importância que elas concedem ao profissionalismo no setor de viagens corporativas pode ser notada pelo surgimento de entidades especificamente voltadas para o atendimento de contas comerciais. Essa entidade visava propiciar condições para o contínuo aprimoramento da atuação de suas associadas na prestação de serviços turísticos a pessoas jurídicas.

Já no que concerne às empresas clientes (correntistas ou contas corporativas), representadas pelos profissionais ligados ao setor de viagens (hoje denominadas Setor de Suporte, Setor de Administração de Viagens ou Setor de Gestão de Viagens), criou-se, em 1991, o Grupo Executivo de Viagens (GEV), que realizava encontros sistemáticos e informais para troca de informações e busca de soluções para problemas do dia a dia. Posteriormente, o GEV transformou-se em Comitê Executivo (CE-30), surgindo em seu posto a Associação Brasileira de Gestores de Eventos e Viagens Corporativas (ABGEV), em 2003. Por sua vez, as agências de turismo criaram a Associação Brasileira de Agências Corporativas (Abracorp) para representá-las e desenvolver as melhores práticas profissionais de mercado, independentemente das entidades relacionadas diretamente ao agente de viagens (Abav, Sindetur, Fenactur, Brastoa, Aviesp e Avirrp).

Diante desse quadro, objetivamos com este livro oferecer caminhos para a efetivação do processo de melhoria das relações entre agências de turismo e clientes corporativos, o que naturalmente prevê o estreitamento da relação entre os dois setores, garantindo, dessa forma, sucesso e satisfação nas viagens de turismo e de negócios.

Agência de **turismo**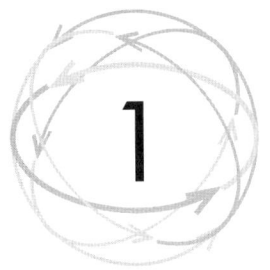

↳ *Viajar é a arte de fazer turismo.*

Para que tenhamos uma visão precisa de nosso objeto de estudo – a agência de turismo –, será necessário antes definir a área de atividade econômica na qual ela atua. **Turismo** é o conjunto de elementos sociais, políticos, culturais e econômicos provocados ou gerados pelo deslocamento de turistas (de um polo emissivo para um polo receptivo).

1.1 Natureza e funções da agência de turismo

Nossa primeira indagação é: O que se entende por agência de turismo?

Trata-se de uma sociedade comercial que tem por finalidade explorar as atividades previstas na legislação turística específica, portanto, uma empresa privada que visa ao lucro.

A agência de turismo exerce a função de intermediária ou mediadora entre a demanda (procura por parte de cliente, público, turista, consumidor, excursionista, passageiro, viajante) e a oferta de serviços turísticos, proporcionada pelos prestadores ou fornecedores de serviços.

Além disso, as agências de turismo, por força da legislação vigente, exercem outras funções relativas ou pertinentes às suas atividades. Por suas características de operação, dividem-se em:

- **Agências vendedoras**: atuam como intermediárias/mediadoras entre os prestadores de serviços de turismo e os clientes (pessoas físicas ou jurídicas). Também são denominadas agências de viagens.

- **Agências operadoras turísticas**: "criam" produtos com base nos serviços oferecidos pelos prestadores de serviços turísticos, nos padrões do *inclusive tour* (IT), ou seja, tudo incluído, parte aérea e parte terrestre (traslados, passeios, visitas técnicas, *city tours* etc.). São as que concebem os denominados pacotes turísticos ou excursões. Também recebem o nome de agências de viagens e turismo.
- **Agências operadoras de turismo receptivo**: prestam serviços locais aos clientes das operadoras realizando, em sua cidade ou região, os serviços incluídos na programação de um turista ou de um grupo de turistas.
- **Agências de representação**: agem como representantes locais ou regionais de outros prestadores de serviços turísticos – empresas aéreas, hotéis, pousadas, locadoras de veículos etc.

Nesta obra, analisaremos o principal papel das agências de turismo, seu desempenho na *função de vendedora* (voltada para atender, preferencialmente, clientes corporativos ou o turismo de negócios), bem como sua atuação no campo do *turismo receptivo*.

- **Agências consolidadoras de bilhetes aéreos**: intermedeiam passagens aéreas domésticas e internacionais de empresas aéreas, mediante acordos bilaterais comerciais, todas as agências de turismo interessadas que, em geral, não são filiadas ao Sindicato Nacional das Empresas Aeroviárias (Snea) ou a Associação Internacional de Transporte Aéreo (Iata em inglês). Confundem-se com *general sales agent* (GSA – agente geral de vendas), ou seja, representante legal de direito e de fato de uma empresa aérea nacional ou estrangeira.

Assim, uma agência de turismo pode exercer uma única função ou várias ao mesmo tempo. Vai depender de sua estrutura organizacional, operacional e comercial. Por exemplo: agência vendedora, operadora turística, operadora de receptivo.

Funções da agência de turismo – Visão acadêmica

Além do enfoque operacional, temos outra visão das funções de uma agência de turismo, de cunho didático e esquemático. Essas funções podem ser definidas de acordo com os seguintes aspectos:

- técnico;
- social;
- comercial;
- mercadológico;
- econômico.

Considerando o aspecto **técnico**, uma agência de turismo consiste em uma organização comercial ou de negócios, prestadora de serviços, integrante da indústria turística, cuja função básica é promover o entrosamento dos componentes dessa indústria ao comercializar a oferta e criar novos produtos.

Do ponto de vista **social**, uma agência de turismo tem como função oferecer condições para que as diversas classes socioeconômicas pratiquem o turismo.

No mundo extremamente competitivo em que vivemos, com todos os seus problemas diários, as grandes cidades se transformaram em fábricas de infartos, neuroses e outros males derivados do estresse e da poluição (sonora, visual e atmosférica), que causam a queda de produtividade em todas as áreas. Quem deseja sobreviver nesse ritmo de vida tem absoluta necessidade de um descanso anual, mensal ou mesmo, de acordo com suas possibilidades, de um dia de lazer semanal.

Diante dessa constatação, a agência de turismo – fazendo uso de atividades tecnicamente programadas – deve e precisa criar e organizar o turismo de massa que possibilite ao trabalhador menos favorecido ir à praia, à montanha e ao campo, contando com a organização profissional dos agentes de viagens. Esses programas especiais de curta duração dariam novo impulso à economia do polo emissor e, no polo receptor, gerariam novos empregos, fomentando ao mesmo tempo o turismo rodoviário por meio das novas tendências do turismo ecológico, do turismo rural, do estudo do meio (turismo pedagógico) e do turismo de eventos e feiras.

Considerada pelo aspecto **comercial**, uma agência de turismo é a única revendedora legalmente autorizada a oferecer ao público em geral os produtos da indústria turística, quais sejam, a combinação de transportes, hotelaria, alimentação e outros serviços acessórios.

De acordo com a visão **mercadológica**, o agente de viagens deve visar sempre atender às necessidades e às expectativas do mercado, atuando como o mais eficaz canal de distribuição e divulgação dos produtores (hotéis, transportadoras, locadoras de veículos, operadoras turísticas, cruzeiros marítimos, guias de turismo, documentação etc.), a fim de permitir a criação de condições e de fluxos cada vez maiores e de qualidade assegurada. O agente de viagens passa a ser um "formador de opinião" na geração e no fortalecimento de novos destinos turísticos.

A justificativa **econômica** para a existência do agente de viagens é que ele promove, ao mesmo tempo, a conveniência do consumidor ou turista e a diminuição de custos de distribuição para o produtor. O consumidor está disposto a pagar pela economia de tempo e de locomoção que uma agência de turismo pode lhe oferecer, seja pelo recebimento das passagens e demais serviços no escritório ou em casa, seja pela proximidade física que lhe permite fácil acesso.

A intermediação da agência de turismo dá mais objetividade e agilidade às ações do produtor quanto ao gerenciamento do produto da seguinte maneira: para o produtor, reduz o custo de distribuição na medida em que o agente de viagens – distribuído geograficamente e vendendo diferentes produtos – a faz com mais eficiência que o produtor; para a geração de produtos, em decorrência da peculiaridade de sua função, o agente de viagens pode aglutinar os serviços de vários produtores, criando, assim, produtos que não poderiam ser vendidos diretamente por nenhum dos componentes da rede.

O agente de viagens, seguramente, sempre foi e será o maior e melhor parceiro do turismo para os fornecedores ou prestadores de serviços turísticos. Constitui-se ainda no melhor, mais eficaz e mais abrangente canal de vendas no mundo dos negócios do turismo. Existem milhares de pontos de venda espalhados pelo Brasil e pelo mundo, sem custo.

As agências de turismo e a globalização

Também devemos levar em consideração diversos aspectos quando pretendemos definir a posição das agências de turismo no contexto da globalização. Em primeiro lugar, o que podemos considerar turismo moderno/globalizado?

Segundo Arnold Toynbee (1977, p. 62), "o século XX será recordado como a idade em que a sociedade humana enfrenta com decisão a ideia de praticar o bem-estar de todas as pessoas sem distinção alguma".

Desse ponto de vista, a cada ano que passa, torna-se maior o fluxo de correntes turísticas em todas as direções. Essas correntes são movidas por diversos fatores: lazer, férias, viagens comerciais, congressos, feiras, exposições, viagens de intercâmbio, excursões religiosas ou esportivas, treinamento e atualização profissional. Isso vale para todas as profissões, liberais ou técnicas, que realizam reuniões para transmitir novas ideias. Pela necessidade de participar dos eventos e conhecer pessoas, lugares e fatos relevantes, essas atividades constituem o turismo globalizado. Para atender à coordenação dessa complexa atividade e prestar a devida assistência a seus participantes em sua movimentação, a moderna técnica exige a presença da agência de turismo.

1.2 Sistemas operacionais informatizados em agências de turismo

Hoje, existem sofisticados sistemas de apoio gerencial e operacional à disposição das agências de turismo. Para essas agências, a tecnologia da informação e comunicação (TIC) e a logística da prestação de serviços (LPS) são verdadeiras ferramentas de competição e sobrevivência na atual tendência de globalização dos negócios. As agências de turismo detêm ainda o controle e o poder da competência diante da concorrência gerada pelos próprios parceiros (empresas aéreas, meios de hospedagem, locadoras de veículos, cruzeiros marítimos), em relação aos quais, como era de se esperar, traçam estratégias com a finalidade de fazê-los recuar em face de seus interesses. Assim, as agências de turismo dispõem de:

- Sistemas de reserva de passagens aéreas nacionais e internacionais (e demais serviços turísticos terrestres): Amadeus, Sabre, Galileu e Worldspan.
- Sistemas gerenciadores de agências de turismo: AGI/STUR, SK Fly, Easy Systems, Copy Tour, JRP etc.
- Sistema de emissão de *tickets* (TKTs) de passagens aéreas: BSP/Iata-BR (via sistemas Amadeus, Sabre, Galileu ou Worldspan).
- Sistema de informações turísticas: Rede Panrotas (informações dos principais pacotes turísticos das operadoras turísticas, horários, voos, tarifas etc.).

- Sistema de informações comerciais: ficha cadastral de pessoa física para obtenção de crédito com os GSAs, as consolidadoras de bilhetes aéreos, as companhias aéreas etc.

Serviços prestados

A agência operadora de turismo receptivo realiza operações essenciais, que são as operações principais ou fundamentais da empresa como operadora/organizadora de pacotes/viagens no destino do turista/cliente, e realiza também as operações secundárias/acessórias, às quais, na maioria das vezes, não se dá a devida atenção, ocasionando, geralmente, muitos transtornos ao turista.

Os principais serviços acessórios são:

- expedição de bagagem;
- atendimento de câmbio;
- seguro de assistência;
- reserva de espetáculos;
- reserva de eventos locais/regionais;
- serviços de despachante;
- serviços de informações;
- assistência no desembarque (chegada) e no embarque (partida).

Podemos destacar ainda os serviços isolados que também fazem parte dos serviços prestados pela agência operadora de turismo receptivo:

- reserva de alojamento e meios de transporte;
- traslados e serviços de guia e intérprete;
- passeios e *city tours* no núcleo receptivo local/regional;
- locação de meios de transporte local/regional.

1.3 Registros e filiações

Evento turístico é o fato eventual que, em determinada data ou época do ano, em determinado local, pode funcionar como atração, motivação ou entretenimento turístico.

Como toda empresa, para funcionar de modo regular, uma agência de turismo deve estar legalmente constituída. Para tanto, faz-se necessário providenciar seus registros obrigatórios nos seguintes órgãos:

- Juntas comerciais dos estados.
- Ministério da Fazenda (MF), para obter o Cadastro Nacional da Pessoa Jurídica (CNPJ).
- Instituto Nacional de Seguridade Social (INSS), para adquirir o número de inscrição.
- Prefeituras, para obter o Cadastro do Contribuinte Municipal (CCM).
- Ministério do Turismo (MTur),[1] via Cadastur (sistema de cadastro de pessoas físicas e jurídicas que atuam no setor de turismo).

Os quatro primeiros registros mencionados são comuns a toda empresa; o quinto, no Ministério do Turismo, via Cadastur, é específico da empresa ligada ao turismo.

O diploma legal por excelência na determinação dos direitos e responsabilidades das agências e dos turistas é a Deliberação Normativa nº 161, de 9 de agosto de 1985. Em seu Anexo 1, item 3 – Responsabilidade do usuário participante em viagem ou excursão –, temos:

> 3.3 – Informar a agência no ato de sua inscrição no programa sobre qualquer restrição ou impedimento seu, de seus familiares, decorrente de motivo de doença, incapacidade física ou mental, ou outra causa qualquer que possa dificultar o desenvolvimento da excursão, incomodar os demais participantes ou implicar cuidados especiais durante a excursão, sendo facultado ao operador a não aceitação desse tipo de cliente, ou seu desligamento, a qualquer época, desde que efetuados os acertos financeiros devidos.

Entretanto, para desenvolver plenamente suas atividades e competir no mercado do turismo emissivo e do turismo receptivo, uma agência de turismo necessita ainda de registros e filiações não obrigatórios, como:

- Sindicato Nacional das Empresas Aeroviárias (Snea);
- Associação Internacional de Transporte Aéreo (Iata);

---

1 O MTur é encarregado de legislar e de fiscalizar as atividades das agências de turismo em todo o território nacional, mediante convênios com as secretarias de turismo estaduais.

- Travel Industry Designator (Iata TID).
- Entidades de classe, como Abav, Sindetur, Brastoa, Asta, Cotal, Aviesp, Avirrp e Afav.

1.4 Classificação das agências de turismo

O Decreto nº 84.934, de 20 de julho de 1980, regulamentava e definia as condições para registro, operação e funcionamento das atividades e serviços das agências de turismo, as quais se classificam em duas categorias:

- Agência de viagens e turismo (AVT = código 41).
- Agência de viagens (AV = código 42).

Atualmente, temos em vigor a nova Lei Geral do Turismo (LGTur), fundamentada pela Lei nº 11.771, de 17 de setembro de 2008, e o Decreto nº 7.381, de 2 de dezembro de 2010, que regulamenta essa lei. O novo documento legal define o conceito de agência de turismo, mas deixa indefinida a classificação de agências de turismo, como sempre foi estabelecido. No momento do cadastro ou do recadastro da agência de turismo no Cadastur-MTur, o Formulário Cadastur-Agência de Turismo (Anexo II), postado no *site* do MTur, apresenta as características da atuação principal que a agência exercerá, dando apenas três opções – agência de viagens, operadora de turismo e agência de receptivo – e, em seguida, o item pontual referente aos **Serviços Prestados**, em um total de 13 opções. Já no item 9, solicita que se informem os **Segmentos Turísticos** em que a agência de turismo atuará, em um total de nove opções. Assim, a Lei nº 11.771,[2] de 17 de setembro de 2008, em seu artigo 27, conceitua agência de turismo:

> Compreende-se por agência de turismo a pessoa jurídica que exerce a atividade econômica de intermediação remunerada entre fornecedores e consumidores de serviços turísticos ou os fornece diretamente.

O cadastro das agências de turismo, em todo o Brasil, é obrigatório e deve ser renovado a cada dois anos.

---

2 Disponível em: <http://www.planalto.gov.br/ccivil_03/_ato2007-2010/2008/lei/l11771.htm>. Acesso em 28 out. 2013.

Já o art. 28 define as transportadoras turísticas:

> Consideram-se transportadoras turísticas as empresas que tenham por objeto social a prestação de serviços de transporte turístico de superfície, caracterizado pelo deslocamento de pessoas em veículos e embarcações por vias terrestres e aquáticas, compreendendo as seguintes modalidades:
> I – pacote de viagem (…); II – passeio local (…); III – traslado (…); IV – especial (…).

Outra novidade da LGTur é o conceito de turismo: "[…] considera-se turismo as atividades realizadas por pessoas físicas durante viagens e estadas em lugares diferentes do seu entorno habitual, por um período inferior a 1 (um) ano, com finalidade de lazer, negócios ou outras" (art. 2º). Além disso, também, em seu art. 21, define: "Consideram-se prestadores de serviços turísticos, para os fins desta Lei, as sociedades empresárias, sociedades simples, os empresários individuais e os serviços sociais autônomos que prestem serviços turísticos remunerados […].

As agências de turismo, por força da lei, exercem atividades privativas (exclusivas) e não privativas (não exclusivas).

As atividades privativas constituem-se em:

- venda comissionada ou intermediação remunerada de passagens individuais ou coletivas, passeios, viagens ou excursões aéreas ou rodoviárias nacionais e internacionais;
- venda de cruzeiros marítimos nacionais e internacionais;
- reserva remunerada de acomodações em meios de hospedagem no país e no exterior;
- recepção, transferência e assistência especializada ao turista;
- venda comissionada de passeios locais por via terrestre ou por hidrovia;
- fretamento comissionado de aeronaves;
- operação de viagens e excursões, individuais ou coletivas, compreendendo a organização, a contratação e a execução de programas, roteiros e itinerários nacionais ou internacionais;
- operação de turismo receptivo, traslados, *city tours* e *tours* profissionais, ou seja, tudo o que se refira ao atendimento turístico local e regional.

Essas atividades são privativas ou exclusivas das agências de turismo, porque a legislação específica estabelece que somente as empresas devidamente registradas ou cadastradas no órgão competente (atualmente no MTur) podem exercê-las.

Em contrapartida, temos as atividades não privativas, que podem ser exercidas ou exploradas por qualquer empresa ou pessoa habilitada, sem infringir a legislação turística em vigor. Entre os serviços não privativos que podem ser prestados pelas agências de turismo, independentemente da categoria em que estiverem registradas ou credenciadas, temos:

- venda e reserva comissionada de ingressos para espetáculos;
- exploração do transporte turístico de superfície;
- encaminhamento de documentação para viajantes;
- prestação de serviços para congressos, feiras e eventos similares;
- locação comissionada de veículos;
- venda comissionada de seguro de assistência ao viajante ou turista;
- agenciamento de carga aérea nacional ou internacional.

A agência de viagens e turismo e a agência de viagens diferenciam-se entre si. Embora ambas as categorias prestem essencialmente as mesmas atividades privativas dos agentes de viagens, há uma atividade que só pode ser exercida pela agência de viagens e turismo. Trata-se da operação de viagens e excursões, individuais ou coletivas, compreendendo a organização, a contratação e a execução de programas, roteiros e itinerários nacionais e internacionais.

Estrutura funcional

A agência de turismo receptivo

A agência de turismo receptivo ganhou aqui mais destaque por ser atividade pouco conhecida e divulgada, porém de fundamental importância para a compreensão, por parte dos que lidam com turismo corporativo, dos aspectos pertinentes ao serviço.

A agência operadora de turismo receptivo necessita essencialmente de um local comercial compatível com sua função de operadora; por exemplo, uma loja, preferencialmente no andar térreo, com espaço suficiente para atender, sem atropelos, aos serviços receptivos, oferecendo facilidades e comodidades, como estacionamento, funcionário para entrega e recebimento de documentação no endereço determinado pelo cliente etc. Sua estrutura operacional é relativamente pequena, dotada de equipamentos básicos de comunicação, controle, informática, emissão de relatórios e de sistemas gerenciadores para desenvolver adequadamente o negócio receptivo/emissivo e de um sistema de distribuição global (*global distribution system* – GDS).

Fornecedores/prestadores de serviços de **turismo**

> ↳ *Turista é toda ou qualquer pessoa que esteja fazendo uma viagem sem que isso signifique rotina de trabalho e desde que não altere sua residência habitual.*

As agências de turismo exercem uma função mediadora, intermediária ou aglutinadora de serviços de turismo. Esses fornecedores/prestadores de serviços de turismo correspondem às empresas aéreas, aos meios de hospedagem, às locadoras de veículos, às operadoras de receptivo, às agências consolidadoras de bilhetes aéreos (nacionais e internacionais), às transportadoras turísticas, ao transporte rodoviário regular de passageiros, às casas de câmbio, aos cruzeiros marítimos, aos *tour operators*, ao despachante e ao guia de turismo.

2.1 Aspectos básicos da intermediação

A agência de turismo especializada em turismo receptivo local e regional depende dos serviços de terceiros, uma vez que a intermediação profissional requer acordos e convênios com os diversos setores do mercado a fim de que ela possa prestar o melhor serviço a seus clientes.

E quem são esses clientes da *agência de turismo receptivo*? Podemos considerar como principais clientes:

- agências de turismo congêneres (locais, de outras regiões internas e do exterior);
- órgãos oficiais de turismo e entidades de classe;
- os próprios turistas ou viajantes;
- as agências de turismo operadoras turísticas do país e do exterior;

- setores ou departamentos de viagens das empresas de contas comerciais ou de contas-correntes ou viagens corporativas;
- empresas promotoras de congressos, eventos, feiras e similares;
- empresas de transporte aéreo nacional e internacional, locadoras de veículos e empresas transportadoras turísticas;
- meios de hospedagem;
- lojas de compras.

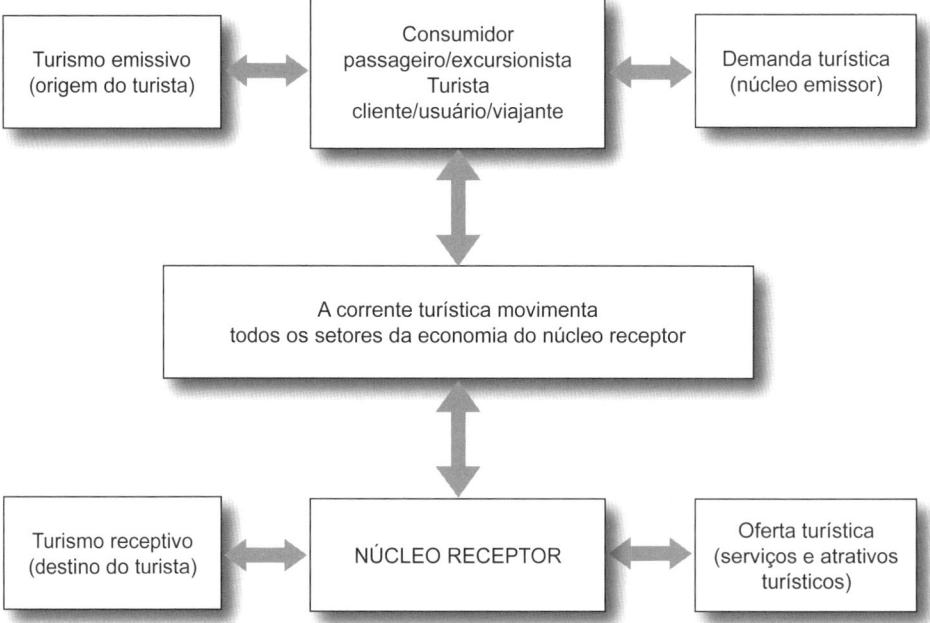

Figura 2.1 – Fluxo do turismo receptivo

Como curiosidade, mas que serve bem para ilustrar o assunto que nos interessa, transcrevemos um texto que trata da questão da intermediação e das dificuldades de atender com eficiência o passageiro ou turista (Sindetur/SP, em seu boletim *Sindetur Informa*, ano IV, nº 43, abr. 1999, sem autoria, seção "Cartas"):

> Se é melhor complicar, por que facilitar?
> **Comprando tinta em uma loja de materiais de construção**
> *Funcionário* – Nós temos uma tinta de qualidade-padrão por R$ 12,00 o litro e outra de qualidade superior por R$ 18,00 o litro. Quantos litros você quer?

Cliente – Cinco litros de qualidade-padrão, por favor.

Funcionário – Ótimo. São R$ 60,00 mais taxas.

Comprando tinta em uma companhia aérea

Cliente – Oi, bom-dia! Quanto custa o litro de tinta?

Funcionário – Bem, senhor, depende...

Cliente – Depende de quê?

Funcionário – Na verdade, de uma porção de coisas.

Cliente – Será que você poderia me informar o valor médio do litro das tintas?

Funcionário – Xiii...! Essa é uma pergunta difícil! O preço mais baixo é R$ 9,00 o litro e nós temos 150 preços diferentes até atingir o mais alto, de R$ 200,00 o litro.

Cliente – E qual é a diferença entre essas tintas?

Funcionário – Ah, não há nenhuma diferença entre as tintas, são todas iguais.

Cliente – Bom, nesse caso eu vou querer a de R$ 9,00 o litro.

Funcionário – OK. Então preciso fazer algumas perguntas. Quando o senhor pretende usar a tinta?

Cliente – Amanhã, em minha folga.

Funcionário – Senhor, a tinta para usar amanhã custa R$ 200,00.

Cliente – Como assim? Quando eu teria que usar a tinta para poder levar a de R$ 9,00 o litro?

Funcionário – Em três semanas, mas você teria que concordar em começar a pintar antes da sexta-feira daquela semana e continuar pintando até, pelo menos, o domingo seguinte.

Cliente – Não, você deve estar brincando!

Funcionário – Não, senhor. Nós não brincamos aqui! Aliás, também devo lhe informar que, logicamente, tenho que checar se temos algumas dessas tintas disponíveis antes de eu vendê-las ao senhor.

Cliente – O que você quer dizer com checar para ver se você pode vender tinta de R$ 9,00 para mim? Suas prateleiras estão repletas, eu posso ver daqui!

Funcionário – Não é porque elas estão repletas que nós as temos aqui. Pode até ser o mesmo tipo de tinta, mas nós só vendemos uma quantidade fixa de litro por fim de semana. Ah, e, por sinal, o preço acabou de subir para R$ 12,00 o litro.

Cliente – Você está querendo dizer que o preço subiu enquanto nós estávamos aqui conversando?

Funcionário – Sim, senhor! Veja só, nossos preços e normas mudam centenas de vezes, todos os dias e, como o senhor ainda não realizou, de fato, sua compra, nós resolvemos mudar de preço. A não ser que o senhor queira correr o risco de nova mudança, eu o aconselharia a dar continuidade à sua compra... Quantos litros o senhor quer?

Cliente – Bom, eu não sei exatamente... Talvez cinco litros. Ou, melhor ainda, talvez seis litros para garantir que eu tenha o suficiente.

Funcionário – Não, senhor. O senhor não pode fazer isso! Se o senhor comprar a tinta e não usá-la, o senhor terá que pagar multa e correrá o risco de ter sua tinta confiscada.

Cliente – O quê?

Funcionário – É isso mesmo... Nós podemos lhe vender tinta suficiente para pintar sua cozinha, seu banheiro, seu corredor e o quarto da ala norte. Mas, se o senhor desistir de pintar antes de acabar o quarto, o senhor estará violando as normas de nossas tarifas.

Cliente – Mas de que lhe interessa saber se eu terminei ou não de pintar minha casa? Eu já lhe paguei pela tinta!

Funcionário – Meu senhor, por favor, não se exalte! É assim que as coisas são. Nós baseamos nossos planos na premissa de que o cliente usará toda a tinta. Quando isso não acontece, nós deparamos com todos os tipos de problema.

Cliente – Mas isso é uma loucura! Eu suponho que alguma coisa horrível deva acontecer se eu não continuar a pintar até depois de sábado à noite!

Funcionário – Acontece, sim!

Cliente – Ah, pra mim, chega! Eu vou comprar tinta em outro lugar!

Funcionário – Não vai adiantar muito, senhor! Nós todos temos as mesmas regras! Obrigado por pintar com nossa companhia aérea!

Pelo exemplo citado, podemos constatar que todo desconto ou abatimento tarifário aéreo implica regras específicas e que dificultam a interpretação pelo passageiro ou homem de negócios, bem como sua aplicabilidade. O usuário que viaja a negócios precisa ter a flexibilidade de deslocamento, usar vários horários e várias empresas aéreas de melhor conveniência em uma única viagem; no entanto, com as tarifas baratas ou especiais, torna-se refém do melhor preço. De certo modo, as empresas aéreas, no afã de conquistar mais clientes, adotam um sistema de trabalho quase indecifrável aos olhos do cliente, que muitas vezes questiona seu agente de viagens sobre regras tão rígidas e inflexíveis, como se este fosse o culpado.

Vejamos esta confirmação de reserva:

> Seguem confirmações de assentos: 8C nos 4 segmentos.
>
> 8 SSR RQST CM KK1 GRUPTY/08CN, P1/RB/S2
> 9 SSR RQST CM KK1 PTYMIA/08CN, P1/RB/S3
> 10 SSR RQST CM KK1 MIAPTY/08CN, P1/RB/S4
> 11 SSR RQST CM KK1 PTYGRU/08CN, P1/RB/S5

Será que o cliente ou passageiro conseguiria decodificar essas siglas?

O bilhete de passagem aérea é documento fiscal. Esse assunto sempre gerou muitas discussões e mal-entendidos. O cliente, geralmente, necessita da nota fiscal da compra da passagem aérea e a agência de turismo não tem como emitir esse documento, uma vez que não se trata de valor referente ao serviço prestado pela agência de turismo, mas sim do transporte aéreo em si, que será realizado/prestado pela empresa aérea. Essa não obrigatoriedade é amparada por regras ou normas criadas pela Receita Federal por meio do Conselho Nacional de Política Fazendária (Confaz). Essas normas se referem ao Convênio Sinief nº 06/1989 e ao Ajuste Sinief nº 05/2001, bem como às atualizações do Ajuste Sinief nº 04/2004. Assim, vejamos parte do texto legal:

> Confaz – Ajuste Sinief 05/01, alterado pelo AJ 04/04 – Estabelece disciplina para as operações relacionadas com a venda de passagem aérea. [...] Cláusula terceira – Por ocasião do "check-in", a empresa aérea emitirá, em uma única via, por sistema eletrônico de processamento de dados, e entregará ao passageiro o "Bilhete/Recibo do Passageiro", conforme modelo constante no Anexo II, que conterá, no mínimo, as seguintes indicações:
>
> I – a denominação: "Bilhete/Recibo do Passageiro";
> [...] XI – a observação: "O passageiro manterá em seu poder este bilhete, para fins de fiscalização em viagem".
> Parágrafo único. Juntamente com o bilhete previsto nesta cláusula, a empresa aérea entregará ao passageiro o "Cartão de Embarque" [...].

É importante informar e esclarecer ao cliente – pessoa física ou pessoa jurídica – que o documento recibo do passageiro (bilhete de passagem aérea) é considerado pela Receita Federal documento fiscal válido e competente para os lançamentos contábeis e fiscais, desobrigando as agências de turismo dessa responsabilidade.

Componentes do sistema de produção do turismo

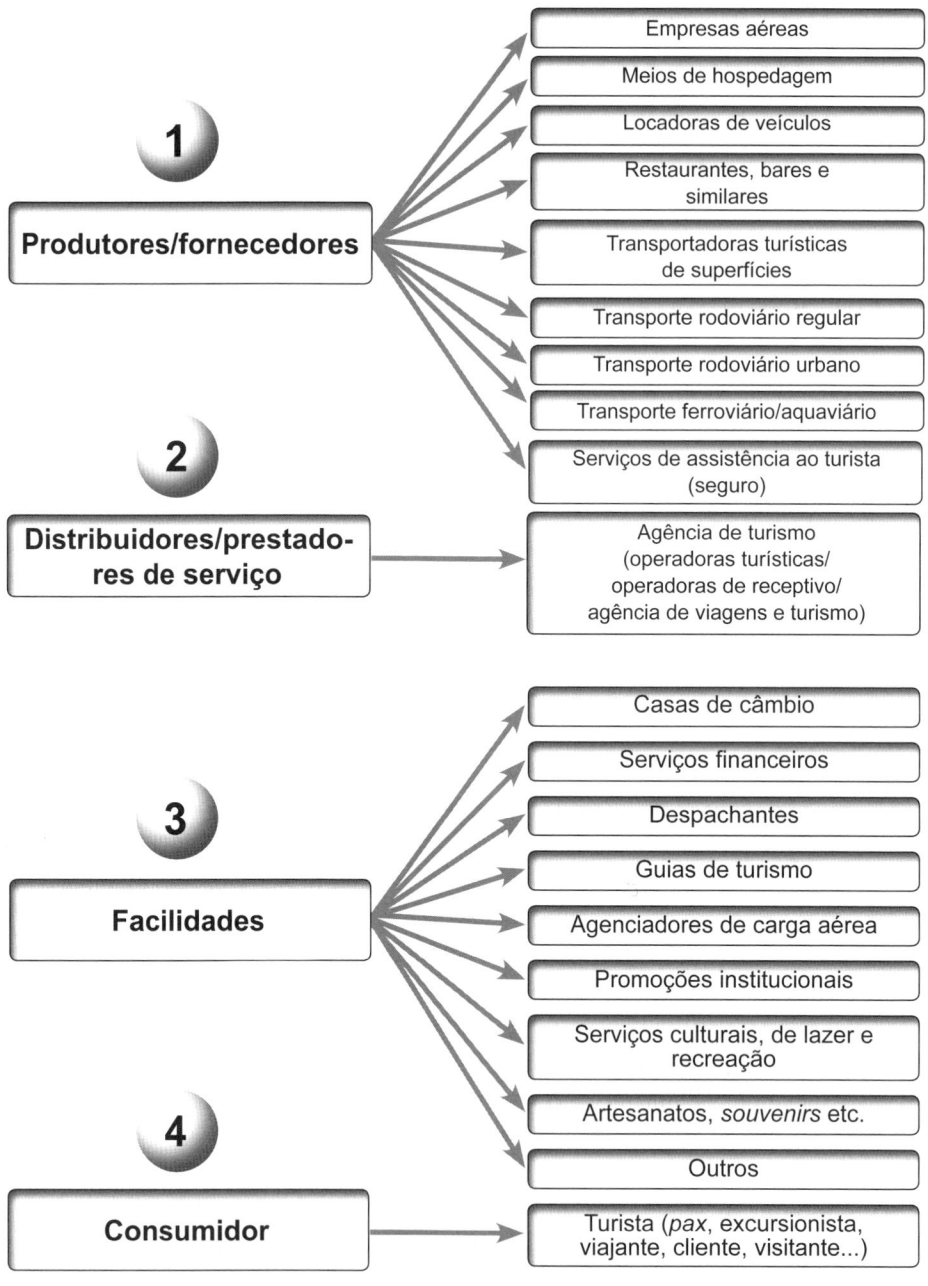

Figura 2.2 – Papel relevante da agência de turismo

2.2 Acordos com o mercado ou o setor de turismo

Por sua função mediadora ou intermediária, a agência operadora de turismo receptivo necessita estabelecer uma série de acordos comerciais com o setor ou mercado de turismo. Esses acordos definem o padrão de serviços que serão prestados pela agência de turismo e que a distinguirão no mercado interno (local, regional e estadual) e no externo. Todos os acordos devem ser feitos por escrito, mediante contrato permanente de prestação de serviços ou contrato específico para determinado serviço, evento ou temporada.

Os acordos, convênios ou contratos são firmados com todos os prestadores de serviços turísticos ou parceiros do agente de viagens que operam o turismo receptivo:

- meios de hospedagem;
- restaurantes;
- centros de lazer, parques temáticos, museus, zoológicos etc.;
- transportadoras turísticas;
- empresas aéreas nacionais e internacionais;
- guias e monitores de turismo;
- lojas de compras, feiras de turismo e artesanato, organizadores de festivais etc.;
- locadoras de veículos;
- entidades classistas geradoras e promotoras de eventos, feiras, exposições etc.;
- centros de convenções;
- *convention and visitor bureau* (CV&B);
- táxis ou empresas de táxi;
- imprensa;
- universidades etc.

Outro fator importante relacionado aos contratos e aos acordos firmados é que todos da comunidade local e regional do núcleo ou do polo receptivo devem participar do desenvolvimento turístico. Essa participação ou engajamento se realiza de diferentes maneiras:

- recebendo os turistas da mesma forma que gostaríamos de ser recebidos;
- colaborando com as autoridades e com as agências operadoras do turismo receptivo na divulgação dos serviços prestados e no controle da qualidade do atendimento geral;
- evitando que restaurantes, hotéis, táxis e demais prestadores de serviços explorem os visitantes cobrando além do preço justo;
- assumindo postura de profissionais conscientes e empreendedores quando ligados a qualquer uma das atividades ou dos serviços que completem o turismo receptivo.

A agência de turismo receptivo tem a responsabilidade ética, moral e profissional de controlar a qualidade do produto turístico. Como proceder? Fornecemos a seguir algumas recomendações de caráter operacional:

- escolher e vigiar a prestação ou o fornecimento dos serviços turísticos, selecionando parceiros idôneos, que mantenham a qualidade de seus produtos ao longo dos anos;
- supervisionar, cobrar e promover a melhoria dos serviços, evitando acomodar-se na escolha;
- conhecer, sempre que possível, o produto ou o serviço colocado à disposição dos consumidores, exigindo folhetos com sua discriminação e/ou fazendo contratos de utilização;
- treinar a equipe de pessoal e os revendedores ou parceiros para evitar informações incorretas ou atitudes hostis aos turistas/usuários, lembrando que a agência de turismo responde pelos atos de seus prepostos (empregados e revendedores);
- cadastrar transportadoras reconhecidas, meios de hospedagem, restaurantes, guias de turismo e o que mais for necessário à operação do receptivo;
- descadastrar estabelecimentos que não cumpram suas obrigações profissionais;
- eleger os parceiros comerciais ou de serviços pelo binômio *qualidade/preço*, pois, não raro, o mais barato acarreta maiores riscos e custos adicionais no final;
- adicionar ao produto ou aos serviços profissionais o valor do seguro para sua operação;
- evitar a improvisação, pois essa geralmente acaba custando muito caro.

2.3 Bases contratuais da prestação de serviços

Excursão é uma viagem de ida e volta entre um núcleo emissor e um núcleo receptor, geralmente feita em grupo.

A agência operadora de turismo receptivo precisa definir claramente as bases contratuais com seus parceiros (hospedagem, restaurantes, locadoras, guias de turismo, transportadoras turísticas, empresas aéreas, centros de lazer, parques temáticos, agências operadoras turísticas, empresários individuais, os serviços sociais autônomos, lojas, feiras etc.) a fim de garantir o cumprimento de direitos e deveres de todos os envolvidos.

Apresentamos a seguir as bases para estabelecer tais acordos, convênios ou contratos com os **serviços de hotelaria**, esclarecendo os seguintes pontos:

- qualificação do hotel ou do meio de hospedagem;
- serviços e facilidades disponíveis e os horários para sua utilização pelo turista ou usuário;
- acomodação destinada ao turista;
- serviços incluídos na diária;
- horário para entrada e saída;
- responsabilidade pela guarda dos bens dos turistas e por eventuais extravios, furtos ou roubos;
- cláusula punitiva para *overbooking* e discriminação de responsabilidades.

Para os **serviços de turismo receptivo**, recomenda-se que sejam estabelecidos, com clareza, os serviços prestados, adotando a fórmula normal das "condições específicas", com a advertência sobre valores,[1] utilização de hotéis, horários de programação, com relação aos quais é importante incluir a seguinte cláusula:

> A agência operadora de turismo receptivo executa os serviços contratados sob a lei brasileira, e toda e qualquer pendência, disputa ou demanda deles decorrente – envolvendo a operação do programa receptivo contratado e o usuário final, a agência de

---

1 Aqui se pode usar o câmbio-turismo, e o recebimento deve ser feito de acordo com os procedimentos estabelecidos pelo Banco Central.

turismo ou a empresa contratante –, será dirimida de acordo com a legislação vigente no território brasileiro, pelo que as partes elegem o foro da cidade [...] para toda e qualquer demanda, renunciando a qualquer outro, por mais privilegiado que seja.

Se a empresa utilizar transporte terrestre fretado, deve estabelecer em contrato – especialmente quando o transportador pintar o ônibus, outro veículo ou embarcação nas cores da agência de turismo – que a responsabilidade por acidentes, extravios, furtos ou roubos de bagagens, entre outros, é do transportador. Esse cuidado é imprescindível para evitar responder solitariamente por problemas ocasionados a/por terceiros. Deve-se exigir seguro de responsabilidade facultativo.

Deveres e obrigações com relação aos turistas

Quando o turista (consumidor) adquire os serviços de um agente de turismo receptivo, esse último passa a se constituir na figura do fornecedor, segundo o princípio estabelecido pelo Código Brasileiro de Defesa do Consumidor (Lei nº 8.078, de 11/09/1990).[2] Portanto, é do agente de turismo receptivo a responsabilidade legal pelo cumprimento dos serviços prometidos ao turista. Por essa razão, é de fundamental importância que o agente de turismo receptivo conheça detalhadamente os serviços que serão prestados a seu cliente no que diz respeito tanto à quantidade quanto à qualidade. É igualmente importante que o agente de turismo receptivo possa confiar naqueles que prestarão os serviços comercializados ao turista.

O agente de turismo receptivo deve fornecer ao cliente cópia dos roteiros ou dos programas a serem realizados, com a finalidade de comunicar com precisão os itens que compõem a programação.

Para atender ao que prescreve o Código de Defesa do Consumidor, o agente de turismo receptivo deve ainda informar ao passageiro, por escrito, o "vício provável do produto", conforme determina o referido diploma legal.

E o que vem a ser *vício provável do produto*? Trata-se, entre outros, de:

- possibilidade de alteração da programação em decorrência de condições (climáticas, físicas, de horário etc.) alheias à vontade do prestador de serviços;
- atraso ou suspensão de voo em razão de condições atmosféricas ou outra prevista em legislação aeronáutica específica;

---

2 Disponível em: <http://www2.planalto.gov.br>. Acesso em 25 out. 2013.

- cancelamento de shows por causa de problemas técnicos ou em decorrência de imprevistos que envolvam artistas contratados;
- cancelamento de programas por insuficiência de público (tais como eventos que dependam de número mínimo de participantes);
- outras situações previsíveis que possam ocasionar falhas ou alterações nas programações comercializadas com turistas.

O recibo de pagamento ou o documento de prestação de serviços (*voucher*) equivalem ao contrato de serviços entre a agência de turismo e o turista.

Com relação aos transportadores

A contratação de um veículo para atender o turista ou o grupo de turistas deve ser efetuada, preferencialmente, por escrito e conter o máximo de informações quanto aos detalhes do transporte, como:

- roteiro: tipo e categoria do veículo, horários de apresentação, de início e de término dos serviços;
- local de apresentação ou de embarque dos turistas;
- quantidade de turistas a serem transportados;
- custos;
- forma de pagamento;
- serviços adicionais incluídos no transporte (bebidas, taxas de serviço, tarifas de estacionamento, pedágios e despesas do motorista durante os serviços).

Com relação aos prestadores de serviços de alimentação, espetáculos e assemelhados

Registrar por escrito, sempre que possível, o tipo de refeição a ser fornecido, especificando o cardápio e os pontos complementares, como:

- inclusão ou não de bebidas;
- taxas de serviço;
- custos por pessoa ou por grupo;
- cortesias para a tripulação dos veículos;
- grupo mínimo para oferecimento de cortesias;

- forma de pagamento;
- prazos para cancelamento.

Com relação aos guias e aos monitores de turismo

Sempre que possível, devem-se detalhar por escrito:

- local de embarque dos passageiros;
- horário de apresentação do guia ou do monitor de turismo;
- uso de uniforme;
- programa básico a ser cumprido;
- cortesias incluídas em refeições;
- ingressos em museus e em casas de espetáculos;
- serviço de bordo a ser efetuado (em quantidade e em qualidade estabelecidas);
- horário de início dos serviços e de término da programação.

Deve ainda ficar claramente estabelecida a obrigatoriedade de apresentação de relatório de atividades como condição final para o recebimento dos valores de remuneração pelos serviços prestados pelo guia ou pelo monitor de turismo.

Caso seja do interesse da agência de turismo, deverá ser fornecido ao guia de turismo, para distribuição entre os turistas, formulário de avaliação dos serviços realizados, documento que deve ser devolvido à agência de turismo, devidamente preenchido, no momento da prestação de contas pelo guia de turismo receptivo.

Faz-se necessário verificar o credenciamento do guia de turismo no MTur, uma vez que a atividade é regulamentada por lei, devendo ser exercida somente por profissional devidamente credenciado.

Com relação aos meios de hospedagem

Quando os serviços vendidos ao turista incluírem a hospedagem, é necessário efetuar as reservas por escrito e receber antecipadamente sua confirmação igualmente por escrito.

A reserva e a respectiva confirmação devem conter:

- data de entrada do hóspede;
- tipo de unidade habitacional;

- serviços complementares incluídos (café da manhã, refeições, extras de qualquer natureza);
- data de saída do hóspede;
- tarifa e taxa de serviços;
- garantia de *no-show* (ou não, conforme o caso);
- número de hóspedes;
- nome do grupo ou do turista;
- nome do responsável pelo grupo;
- forma de pagamento;
- horário de início e de término da diária;
- horário previsto para a chegada do hóspede.

2.4 Órgãos de apoio à operação das agências de turismo receptivo

Calendário turístico é a relação cronológica (por ordem de acontecimento) dos eventos turísticos de um país, estado, região ou município. Por exemplo, o Carnaval.

É importante que todos os órgãos oficiais e as entidades de classe envolvidos no turismo de um município, região ou estado compreendam o processo de desenvolvimento do turismo receptivo. A conscientização da comunidade para receber com hospitalidade os visitantes, turistas, viajantes (independentemente do motivo) é condição essencial para quem deseja explorar o turismo como alternativa de desenvolvimento social, cultural, econômico e político. O desenvolvimento do turismo em um núcleo/polo receptor depende, basicamente, dos seguintes fatores:

- vias de acesso;
- motivação;
- acomodação;
- segurança;
- meios de transporte;
- educação e respeito;
- hospitalidade;
- legislação turística específica;

- divulgação;
- sinalização adequada;
- preços justos;
- informações;
- conscientização da comunidade;
- reengenharia do turismo receptivo;
- cidade limpa e conservada;
- receptividade (mão de obra qualificada).

De modo geral, as agências de turismo necessitam do apoio dos órgãos oficiais de turismo, em maior ou menor grau, para exercerem suas atividades. Em se tratando do turismo receptivo, o apoio oficial é fundamental para essas agências de turismo receptivo.

A agência de turismo que opera o receptivo é a responsável pelo atendimento e pela prestação de serviços no centro (polo, núcleo) receptor. O atendimento profissional deve sempre reverter em benefício do turista, viajante ou visitante.

O agente de viagens que opera o receptivo necessita de informações, dados estatísticos e de material de apoio para prestar o melhor serviço. Quem supre o agente de viagens é o órgão oficial de turismo nos âmbitos federal, estadual/regional e municipal.

Já as entidades de classe procuram valorizar o associado fornecendo apoio logístico, jurídico e promocional, além de defender seus interesses comerciais e profissionais e de divulgar seus serviços na área de atuação da entidade.

Uma agência operadora de turismo receptivo necessita, por exemplo, filiar-se à American Society Travel Agency (Asta – Sociedade Americana de Agências de Viagens) para atender ao mercado externo, notadamente o norte-americano, além de se tornar um importante referencial profissional para os demais países onde a Asta mantém ações de intercâmbio.

Órgãos oficiais e entidades do setor de turismo

Relacionamos, a seguir, os órgãos oficiais e as entidades que podem oferecer apoio para as agências operadoras de turismo receptivo:

Abav – Associação Brasileira de Agências de Viagens

Abear – Associação Brasileira das Empresas Aéreas

Abeoc – Associação Brasileira de Empresas de Eventos

ABGEV – Associação Brasileira de Gestores de Eventos e Viagens Corporativas

Abih – Associação Brasileira da Indústria Hoteleira

Abla – Associação Brasileira das Locadoras de Automóveis

Abracorp – Associação Brasileira de Agências de Viagens Corporativas

Abrajet – Associação Brasileira de Jornalistas de Turismo

Abremar – Associação Brasileira de Cruzeiros Marítimos

ABTR – Associação Brasileira de Turismo Rural

Anac – Agência Nacional de Aviação Civil

Associtur – Associação de Transportadores de Turistas, Industriários, Colegiais e Similares do Estado de São Paulo

Asta – American Society Travel Agency

Aviesp – Associação das Agências Independentes do Interior do Estado de São Paulo

Avirrp – Associação das Agências de Viagem de Ribeirão Preto e Região

Brastoa – Associação Brasileira das Operadoras de Turismo

Cotal – Confederação das Organizações de Turismo da América Latina

Embratur – Instituto Brasileiro do Turismo

Fenactur – Federação Nacional de Turismo

Fuav – Federação Universal de Agências de Viagens

Iata – International Air Transport Association

Ibev – Instituto Brasileiro de Eventos

Infraero – Empresa Brasileira de Infraestrutura Aeroportuária

IVT – Instituto Virtual de Turismo (Universidade Federal do Rio de Janeiro – UFRJ)

MTur – Ministério do Turismo

Oaci/Icao – Organização de Aviação Civil Internacional

Santur – Santa Catarina Turismo S/A

Sindetur – Sindicato das Empresas de Turismo no Estado de São Paulo

Snea – Sindicato Nacional das Empresas Aeroviárias

SPTuris – São Paulo Turismo

Turminas – Empresa Mineira de Turismo

Ubrafe – União Brasileira de Promotores de Feiras
WTAA – World Travel Agents Association Alliance
WTTC – World Travel and Tourism Council

2.5 Limites de autoridade e responsabilidade da agência de turismo

Oferta turística é o conjunto de bens e serviços que o núcleo receptor põe à disposição da corrente turística ou da demanda.

Estabelecer os limites de responsabilidade de cada elemento do mercado ou setor de serviço é uma questão extremamente importante, que pode ser equacionada com um simples **Termo de Responsabilidade**.[3]

Apresentamos a seguir uma minuta de termo como recomendação:

> Ao se tornar, como intermediária, vendedora de quaisquer dos produtos turísticos operados por (nome da agência operadora), com nome fantasia ...., MTur Cadastur nº ...., compromete-se esta empresa a comercializá-los nos exatos limites de suas "Condições Gerais e Específicas", obrigando-se, outrossim, sob as penas da lei, a não acrescer ou diminuir nada nesses produtos, mantendo os usuários sempre informados a respeito de alterações.
>
> A empresa, por seu representante legal, declara conhecer e manter em seu poder e à disposição dos turistas os contratos ou "Condições Gerais e Específicas", sob os quais serão realizadas as viagens ou excursões.
>
> A responsabilidade da agência de turismo vendedora ou operadora turística limita-se apenas à intermediação dos serviços entre os passageiros ou turistas e a agência operadora turística do programa ou pacote ou agência de turismo vendedora, que perante esta é a responsável, de acordo com suas Condições Gerais.
>
> Data
>
> Assinatura

---

3 Esse Termo de Responsabilidade não cria nem gera condições de representação em quaisquer de suas fórmulas, tampouco exclusividade na venda do produto turístico da agência operadora de turismo receptivo ou remuneração especial.

Existem três possibilidades de analisarmos a autoridade e a consequente responsabilidade da agência vendedora de turismo receptivo. A primeira leva em consideração os termos do Código de Defesa do Consumidor. No entendimento desse diploma legal, a agência vendedora de turismo receptivo tem total responsabilidade pela prestação dos serviços vendidos ao turista e por aqueles prestados por ela mesma ou por seus prepostos legais, entendidos estes como pessoas físicas ou jurídicas. Nesse sentido, a Deliberação Normativa nº 161, de 9 de agosto de 1985, da Embratur é clara ao estabelecer:

> Anexo I – item 1.2 – A agência de turismo é diretamente responsável pelos atos de seus prepostos, inclusive os praticados por terceiros por ela contratados ou autorizados, ainda que na condição de autônomos, assim entendidas as pessoas físicas por ela credenciadas, tácita ou expressamente, limitada essa responsabilidade, enquanto os autônomos ou prepostos estejam nos estritos limites de exercício do trabalho que lhes competir, por força da venda, contratação e execução do programa turístico operado pela Agência.

Conforme observado, a segunda possibilidade leva em consideração os termos da Deliberação Normativa nº 161 da Embratur. Por esse documento, a responsabilidade da agência de turismo vendedora restringe-se ao recebimento dos valores estabelecidos como necessários ao pagamento da programação contratada e ao fornecimento dos documentos necessários para que o turista receba, de cada prestador, os serviços contratados. Nesse caso, cabe a cada prestador de serviços a responsabilidade pela prestação de seus próprios serviços, constituindo-se, então, a responsabilidade restrita.

Assim, a responsabilidade da agência de turismo vendedora está explicitamente limitada pela Deliberação Normativa nº 161 da Embratur nos termos que seguem:

> Anexo I – item 1.1.1 – A agência de turismo que opera viagem ou excursão, e não a eventual agência de turismo vendedora de seus programas, é a principal responsável, perante a Embratur, pela execução, na forma e qualidade constantes das ofertas ou divulgações realizadas e dos acordos ajustados com os usuários, dos serviços incluídos no preço da viagem ou excursão constantes das "Condições Específicas ou Descrição do Programa", conforme itens 2 e 3 do Anexo II.

A terceira possibilidade também leva em conta os termos da Deliberação Normativa nº 161; porém, nesse caso, consideraremos a agência operadora do turismo receptivo aquela que vai "operar" a programação de turismo receptivo adquirida pelo turista individual ou pelo grupo de turistas. Assim, observadas as circunstâncias, a agência operadora do turismo receptivo é responsável pelos atos de seus prepostos, pessoas físicas contratadas para a execução dos serviços, e responsável concorrente pelos prestadores de serviço, pessoa jurídica cuja realização dos serviços se desenvolverá sob sua responsabilidade específica. Nessa última hipótese, a responsabilidade é textualmente citada no Anexo I da Deliberação Normativa nº 161, objeto de estudo, como segue:

1 – Responsabilidade da agência de turismo operadora

1.1 – Ressalvada a ocorrência de caso fortuito ou de força maior, devidamente comprovado, ou a expressa responsabilidade concorrente de outras entidades, a agência operadora do serviço turístico será sempre a principal responsável:

a) pela sua prestação efetiva;

b) pela sua liquidação junto aos prestadores de serviços contratados;

c) pelo reembolso aos usuários dos valores correspondentes aos serviços não prestados na forma e na extensão contratadas;

[...]

1.1.2 – Haverá responsabilidade concorrente de empresas prestadoras de serviços turísticos, contratadas pela agência de turismo operadora do programa, quando os serviços se realizarem em território nacional e essa responsabilidade for prevista na legislação de turismo ou correlata em vigor.

1.1.3 – A responsabilidade concorrente deverá ser reconhecida pela Embratur, durante a apuração de reclamações recebidas [...].

Em todos os casos, cabe à agência operadora do turismo receptivo a autoridade primeira para contratação dos serviços, escolha dos fornecedores, alteração ou cancelamento da programação, sempre praticando esses atos em nome e em benefício do turista ou usuário.

A intermediação do turismo receptivo envolve o agente de turismo receptivo em uma série de relações exercidas sequencialmente, nas quais o profissional desempenha os seguintes "papéis":

- **Atendente**: Papel exercido a partir do momento em que o cliente em potencial entra na agência de turismo e inicia contato com o agente de turismo receptivo. No desempenho desse papel, a tarefa mais importante é ouvi-lo para identificar o mais ampla e precisamente possível as necessidades desse cliente ou grupo de clientes, cujo perfil possa ser atendido por uma programação de turismo receptivo.

- **Consultor**: Papel exercido a partir do momento em que o agente de turismo receptivo acredita ter compreendido quais são as necessidades do cliente ou grupo de clientes. No desempenho desse papel, a tarefa mais importante é elaborar a programação que atenda da melhor forma possível às necessidades identificadas.

- **Comunicador**: Papel exercido a partir do momento em que o agente de turismo receptivo elabora a programação do cliente. No desempenho dessa tarefa, o mais importante é ressaltar as qualidades da programação com a qual se procura atender às necessidades do cliente ou grupo de clientes.

- **Vendedor**: Papel exercido a partir do momento em que o(s) cliente(s) em potencial concorda(m) que a programação apresentada pelo agente de turismo receptivo é a que melhor atende às suas necessidades. No desempenho dessa tarefa, o mais importante é acertar os detalhes burocráticos relativos à efetivação da venda da programação, ajustando os aspectos financeiros da transação.

- **Contratador**: Papel exercido pelo agente de turismo receptivo a partir do momento em que o cliente ou o grupo de clientes adquire a programação proposta. No desempenho dessa tarefa, o mais importante é o exato cumprimento de todas as fases burocráticas da contratação dos serviços vendidos ao(s) cliente(s).

- **Avaliador**: Papel exercido pelo agente de turismo receptivo após a realização dos serviços contratados. No desempenho dessa tarefa, o mais importante é avaliar os serviços prestados pelos diversos fornecedores por meio de conversas com os turistas ou da análise dos questionários de avaliação preenchidos por estes ou pelos guias de turismo contratados.

- **Agente da qualidade**: Papel exercido pelo agente de turismo receptivo após a avaliação referida no item anterior. No desempenho dessa tarefa, o mais importante é oferecer à gerência da agência de turismo receptivo sugestões, críticas e alternativas para a melhoria da qualidade dos serviços oferecidos.

Clientes de agências de **turismo** 3

> ↵ *Turismo receptivo é a arte de bem receber/ acolher o turista, o viajante, o passageiro; ou, simplesmente, a arte da hospitalidade!*

3.1 Introdução

Podemos dizer que as agências de turismo têm dois tipos de cliente: o cliente pessoa física e o cliente pessoa jurídica.

Uma agência de turismo bem-estruturada, organizada e preparada pode atender, simultânea e eficazmente, os dois tipos. Para isso, precisa contar com profissionais como o **atendente nacional/internacional** ou o **consultor de viagens** da agência de turismo, cujo perfil deve ser adequado a essa forma de atuação e exploração mercadológica.

Esses profissionais, assim como os demais, são qualificados para atender tanto os clientes pessoa física quanto os clientes pessoa jurídica que desejem viagens nacionais ou internacionais.

Hoje, com a alta tecnologia a serviço das agências de turismo, tudo fica mais fácil e, obviamente, mais ágil. A tecnologia, porém, não substitui o fator humano. Assim, torna-se cada vez mais imprescindível a presença dos profissionais de turismo no mercado de viagens de negócios, profissionais e de lazer. O poder de competição do agente de viagens é maior que o de qualquer outro fornecedor de serviços de turismo, uma vez que ele é o mais bem-preparado ou capacitado consultor de viagens do usuário, turista, viajante ou consumidor. O agente de viagens aglutina ou intermedeia todos os serviços de interesse do usuário, colocando-os à sua disposição via telefone, internet ou pessoalmente.

Sem exagero, pode-se afirmar que o agente de viagens é o profissional de turismo que mais informações e serviços oferece ao cliente: ele acumula vivência, experiência e conhecimento, gerados em intermináveis acordos e convênios com prestadores de serviços especializados de turismo. Conta com parcerias, das quais somente ele pode dispor como profissional para melhor atender seus clientes, reduzindo custos.

As agências de turismo, atualmente, utilizam-se da tecnologia da informação e comunicação (TIC) de forma adequada e da logística de serviços na composição dos serviços prestados. A logística da prestação de serviços (LPS) no turismo é de importância fundamental, pois capacita as organizações a agregar valor e a proporcionar um produto ou serviço consistente. A logística de serviços é um conceito, pode-se dizer, vital, a ser conhecido e reconhecido especialmente quando a TIC é introduzida, uma vez que ambas possibilitam às empresas de turismo (agências de turismo, transportes, locadoras de veículos, operadoras turísticas, meios de hospedagem) atingir seus objetivos em um ambiente extremamente competitivo, como é o caso do setor de turismo.

Segundo Quayle (1993, p. 9, apud Page, 2001): "Logística é o processo que busca prover o gerenciamento e a coordenação de todas as atividades na rede de oferta, do fornecimento e das aquisições, passando pela produção, quando for oportuno, até os canais de distribuição ao cliente".

A logística de serviços proporciona uma vantagem competitiva, porque oferece uma visão estratégica das questões operacionais e um entendimento das conexões no sistema de oferta. Também contribui para a coordenação da prestação do serviço e do próprio transporte, que é um elemento vital da logística e do turismo, ao aproximar o consumidor do produto turístico.

No modelo de fluxos de informação turística de Sheldon (1997, apud Page, 2001), há três agentes principais envolvidos: viajante, empresa de transporte e intermediários na viagem; entre esses últimos, inclui-se o agente de viagens.

Trataremos dos dois tipos de cliente, dando ênfase, porém, ao cliente pessoa jurídica, uma vez que, como assunto, esse tipo de cliente tem sido pouco discutido, estudado ou analisado, motivo pelo qual a literatura a respeito é quase inexistente até o momento.

CAPÍTULO 3 ○ CLIENTES DE AGÊNCIAS DE TURISMO 35

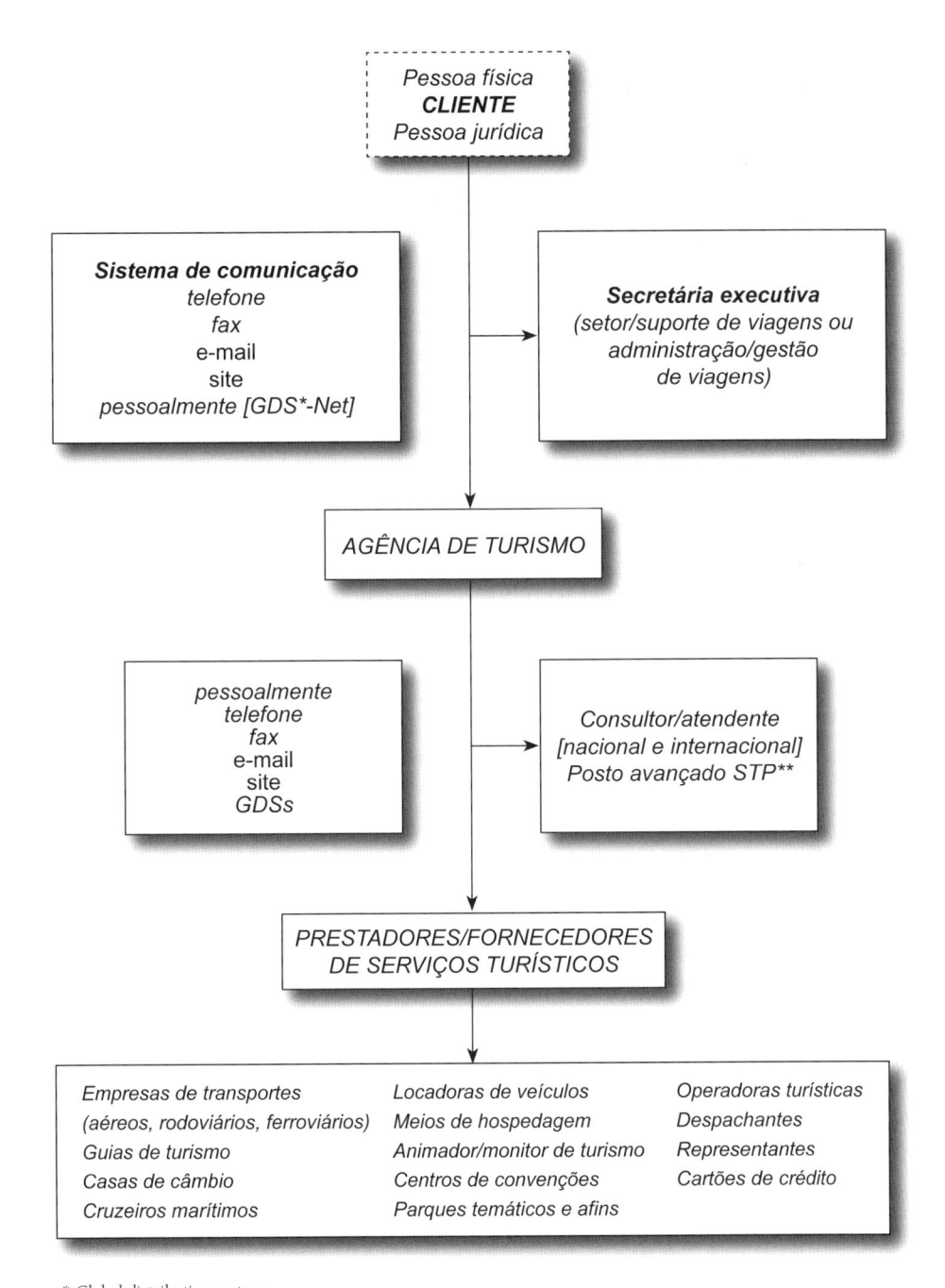

```
                    ┌─────────────────┐
                    │  Pessoa física  │
                    │    CLIENTE      │
                    │ Pessoa jurídica │
                    └─────────────────┘
```

Sistema de comunicação
telefone
fax
e-mail
site
pessoalmente [GDS*-Net]

Secretária executiva
(setor/suporte de viagens ou
administração/gestão
de viagens)

AGÊNCIA DE TURISMO

pessoalmente
telefone
fax
e-mail
site
GDSs

Consultor/atendente
[nacional e internacional]
Posto avançado STP**

**PRESTADORES/FORNECEDORES
DE SERVIÇOS TURÍSTICOS**

Empresas de transportes (aéreos, rodoviários, ferroviários)	Locadoras de veículos	Operadoras turísticas
Guias de turismo	Meios de hospedagem	Despachantes
Casas de câmbio	Animador/monitor de turismo	Representantes
Cruzeiros marítimos	Centros de convenções	Cartões de crédito
	Parques temáticos e afins	

* Global distribution system.
** Satelite ticket printed.

Figura 3.1 – Função intermediária da agência de turismo

3.2 Cliente pessoa física

Esse é um tipo de cliente que a maioria absoluta das agências de turismo conhece muito bem, lembrando-se dele frequentemente por meio do envio das famosas malas diretas ou *mailing lists* (MLs). No entanto, não se dispensa a ele o mesmo tratamento reservado aos clientes pessoa jurídica.

Existem várias estratégias mercadológicas para atender profissionalmente esse tipo de cliente. O que falta é um pouco de criatividade às empresas para pôr em prática o que a concorrência não faz. Na verdade, *todos os segmentos turísticos do mercado são concorrentes entre si*. Podemos constatar essa realidade com a chegada da internet. O cliente pessoa física passou a ser atendido quase exclusivamente por esse meio eletrônico, quer pelas empresas aéreas, agências de turismo e operadoras turísticas, quer pelas locadoras de automóveis, meios de hospedagem, transportadoras turísticas, *general sales agent* (GSA) e representantes, entre outros.

O meio virtual permite que o agente de viagens continue a ser, para o cliente pessoa física, o melhor e mais eficaz canal de vendas de turismo em razão de seu poder de congregar todos os serviços com segurança, qualidade, confiabilidade, competência, rapidez e eficácia no menor espaço de tempo.

3.3 Cliente pessoa jurídica

Um dos segmentos mais interessantes para as agências de turismo sempre foram as **contas-correntes** ou contas comerciais representadas pelos clientes pessoas jurídicas, também conhecidas como **contas corporativas**. Hoje, existem diversos termos que nos permitem enfocar vários novos conceitos. Trata-se dos termos "viagens de negócios", "turismo de negócios", "turismo de eventos", "turismo corporativo" e "viagens corporativas". Todos se referem a negócios, portanto, o que pode diferenciá-los é o foco. Por exemplo: viagens de negócios, viagens corporativas ou turismo corporativo têm um foco muito específico e definido – são as modalidades relacionadas às viagens dos executivos ou dos profissionais liberais ou às viagens custeadas, em sua maioria, pelas empresas. São viagens que, em geral, não contemplam férias, lazer e turismo.

O turismo ou viagens de negócios e o turismo de eventos são termos de maior abrangência e relacionam-se a congressos, feiras, exposições, convenções, simpósios, fóruns etc. Ou seja, trata-se de uma modalidade de turismo não caracterizada como viagem de férias ou lazer. Perceba-se, que para os dois focos, a viagem tem datas preestabelecidas, programadas, a duração não costuma ser dilatada ou abreviada e envolve quase exclusivamente um único indivíduo. Tal prática se opõe à do viajante ou turista de lazer, que viaja por motivo pessoal e, por isso, costumeiramente torna mais flexíveis horários, classes tarifárias, datas de partida e chegada, uma vez que seu objetivo é usufruir momentos de descanso, lazer e paz. O viajante ou homem de negócios, por sua vez, tem de se adaptar a imprevistos, uma vez que, normalmente, não pode descaracterizar com facilidade sua viagem, evento integrante de uma agenda de compromissos.

Em relação a essas contas, há questões muito interessantes a serem analisadas:

Do ponto de vista da agência de turismo:
- O que é mais difícil: gerar uma nova conta corporativa ou conservá-la?
- O que é mais fácil: gerar uma nova conta corporativa ou conservá-la?
- Deve-se atender às grandes contas corporativas ou apenas às pequenas e médias?
- Como classificar uma boa conta corporativa?
- Que estratégias utilizar para conservar uma ou várias contas corporativas?
- É um bom negócio, para uma agência de turismo, atender a contas corporativas?
- Qual é o *mix* da logística na prestação de serviços para as contas corporativas?
- As questões pessoais dos passageiros devem ser levadas em conta ou são de responsabilidade da empresa aérea transportadora? (Por exemplo: ansiedade relacionada ao voo; problemas durante o voo, *jet lag*, aspectos psicológicos como medos e fobias, voos noturnos etc.)
- Por que ainda não se efetivou o seguro de risco da conta corporativa?

Do ponto de vista do cliente:
- Centralizar as solicitações do correntista em uma só pessoa na agência de turismo é uma medida salutar ou de risco?
- Como escolher ou selecionar uma agência de turismo eficaz para atender à conta corporativa?

- A utilização do cartão de crédito empresarial é hoje uma boa alternativa?
- As agências de turismo atendem a todas as necessidades da conta corporativa?

Esta seção tem por finalidade apresentar algumas ideias para otimizar o relacionamento comercial agência de turismo/cliente pessoa jurídica, aumentando os conhecimentos das partes sobre as funções, as facilidades, os benefícios e o papel de cada um. Apresentamos a seguir algumas recomendações para aqueles agentes de viagens que pretendam manter contas corporativas ou para os que já as possuem, seja como resultado de uma estratégia comercial, seja como forma de ampliar o quadro de clientes pessoa jurídica.

- Um serviço de qualidade só pode ser prestado quando as duas partes se conhecem bem. Assim, é preciso que o cliente e a agência de turismo invistam tempo em alcançar esse objetivo.
- É fundamental definir claramente a expectativa do cliente quanto às peculiaridades do serviço envolvido (qualidade, rapidez, cobertura pelo seguro, eficácia etc.).
- O representante da agência de turismo também deve permanecer algum tempo com o cliente, o suficiente para identificar/diagnosticar características especiais, necessidades específicas, serviços mais frequentemente utilizados, preferências pessoais de diretores e outras informações que garantam a qualidade do serviço e um atendimento próximo do individualizado.
- "A outra agência de turismo." Algo muito importante a ser desenvolvido pela agência de turismo (pelo setor competente, por exemplo, o departamento de gestão de viagens) é o que se denomina prognóstico, atividade anterior ao início de atendimento de uma conta comercial ou corporativa. O prognóstico consiste na análise da atuação de agências de turismo anteriores, para identificar erros e deficiências e avaliar acertos, a fim de que os pontos negativos possam ser superados, e os positivos adotados. O resultado dessa análise criteriosa pode proporcionar à agência de turismo titular da nova **conta corporativa** uma excelente oportunidade para estabelecer uma nova política de viagens, com o decorrente planejamento de gastos e a adoção de estratégias de controle geral de despesas e de redução de custos.

- A implantação, pela agência de turismo, de um ***posto avançado de serviços*** nas dependências do cliente não apenas favorece a centralização e o controle como também possibilita o atendimento mais rápido, mais seguro e mais específico, considerando as características da empresa correntista e seus solicitantes.

- O planejamento de viagens frequentes, sobretudo aquelas em direção ao mesmo destino, é um dado fundamental que permite à agência de turismo reservar antecipadamente os voos e hotéis desejados, e até fazer os bloqueios necessários.

- Outro ponto normalmente esquecido é o oferecimento, pela agência de turismo, aos diretores ou gerentes de seus clientes correntistas, de passagens de primeira classe (F) em voos nacionais e internacionais. O custo do bilhete é apenas 20% superior ao da classe econômica (Y).

- É importante também que a agência de turismo estimule o cliente correntista a conhecer cada vez mais os serviços prestados, bem como as fontes de informação sobre voos, hotéis, locação de veículos etc., pois assim suas possibilidades de exigir um melhor atendimento aumentam. Saber o que pedir é o primeiro passo para receber aquilo de que necessita. A *fonte de informações* do solicitante passa a ser o grande referencial. Uma forma de aprimorar o relacionamento, suscitando uma atitude comprometida com a gestão da informação, é realizar seminários ou encontros técnicos entre os envolvidos no setor de viagens das empresas correntistas, como é o caso do **Programa de Qualidade dos Serviços de Gestão de Viagens Empresariais**.

- A agência de turismo precisa criar condições e oportunidades para que o cliente possa discutir a qualidade do serviço a ser prestado, momento em que ela deverá demonstrar como participará das ações de gerenciamento. Isso é indispensável para que a agência de turismo não se limite à discussão sobre a oferta de descontos, tampouco àquela sobre o prazo para pagamento de fatura. É com base em situações como essas que se esclarecerá o cliente sobre o alto custo resultante da aquisição de viagens sem o acompanhamento de um serviço especializado. A ausência desse serviço leva o setor de viagens das empresas a se transformar em uma "pseudoagência de turismo", com a inevitável perda de qualidade.

- Como as agências de turismo poderiam atender às viagens particulares de turismo e lazer dos executivos e de seus funcionários? Por que ainda existe certa resistência das agências de turismo em atender esse segmento? Como mudar o paradigma? Qual é o perfil do novo profissional responsável pelo setor de viagens corporativas (ultimamente denominado *travel manager*)? Onde treiná-lo e capacitá-lo continuamente, diante da evolução da indústria do turismo mundial?

3.4 Política de gestão de contas corporativas

A agência de turismo é uma empresa que tem por atividade principal a venda de **informações**, conhecimentos e conteúdo voltados para o turismo. Os clientes da agência de turismo (pessoas físicas ou jurídicas) têm à sua disposição os seguintes serviços – próprios ou de terceiros:

- venda de passagens aéreas nacionais e internacionais;
- reserva de hotéis nacionais e internacionais;
- organização de excursões ou viagens a *forfait* (correspondentes às viagens sob encomenda, propostas pelo cliente nacionais e internacionais);
- venda de pacotes turísticos nacionais e internacionais;
- venda de cruzeiros marítimos;
- locação de veículos (com ou sem motorista);
- fretamento de aeronaves;
- fretamento de ônibus, micro-ônibus, vans, carros especiais etc.;
- turismo receptivo (atendimento de serviços gerais de pessoas provenientes de outras localidades – nacionais e estrangeiras);
- assistência no embarque e no desembarque (em aeroportos e terminais turísticos);
- reservas de serviços de táxi aéreo, helicóptero e jato executivo;
- traslados e serviços de documentação (passaporte, vistos, vacinas e outros);
- assistência no controle e no uso dos cartões de fidelidade das empresas aéreas;
- outros serviços a serem acordados.

A agência de turismo deve adotar um critério de troca de correspondências após contatar os novos clientes, especialmente pessoas jurídicas (carta de autorização com os nomes das pessoas autorizadas a requisitar os serviços), observando:

- a documentação gerada (bilhetes, *vouchers*, requisições, notas de débito, recibos, carta-roteiro, solicitação de reembolso etc.);
- as passagens de cortesia perante as companhias aéreas (somente efetuadas por carta com assinatura da diretoria);
- se toda correspondência para fornecedores ou clientes está devidamente assinada pela diretoria.

Hoje, o movimento das viagens corporativas ou de negócios representa mais de 67% do volume aéreo nacional. O passageiro de negócios tem as mesmas necessidades que o viajante e o turista, os quais têm como motivação o lazer. As do primeiro, porém, são mais específicas e diferenciadas em razão de seu foco apresentar características muito bem-definidas e objetivas: ele necessita de horários específicos e de serviços de apoio no destino, pois tem compromissos rigorosamente agendados, e deve ter acesso à internet em qualquer lugar e a qualquer momento, já que está sujeito a deslocamentos de última hora etc.

3.5 Cadastramento de clientes

O cadastramento dos clientes da agência de turismo com pagamentos faturados tem por objetivo possibilitar o acompanhamento do conceito do cliente no mercado, além de minimizar os riscos decorrentes do não pagamento desses serviços. Os cadastros, após retornarem das fontes de informações, devem ser analisados pela diretoria da agência de turismo, que aprovará ou não o crédito.

Essas informações cadastrais podem ser requisitadas por um funcionário designado para checá-las, ou a tarefa pode ser delegada a uma empresa especializada em informações comerciais.

A agência de turismo, mediante contato mantido com o cliente, normalmente encaminha uma proposta de prestação de serviços de viagens e turismo. Essa proposta não tem um padrão oficial, já que deve retratar o combinado no contato ou seguir a orientação, o interesse e as necessidades do cliente.

Um roteiro básico para compor a proposta é o seguinte:

Título: PROPOSTA DE PRESTAÇÃO DE SERVIÇOS DE VIAGENS E TURISMO

- Apresentação
- Quem somos
- Divisões/setores – Empresarial – de Incentivos/eventos – Turismo etc.
- Nossos serviços: descrevê-los
- Benefícios especiais: relatórios mensais, suporte ao cliente, postos de atendimento, controladoria de custos, serviços de câmbio, *delivery*, terminal de reservas na empresa
   - Estrutura de apoio 24 horas
   - Condições comerciais para cada tipo de serviço a ser prestado
   - Serviço de assistência no embarque e desembarque
   - Reembolso/cancelamento e alterações
- *No-show* e *overbooking*
   - Seminário de apoio logístico ao setor de viagens
   - Compromisso com o lazer
   - Acordos bilaterais com fornecedores
   - Faturas
   - Outros detalhes de interesse da agência de turismo e do próprio cliente

3.6 Confecção do cadastro

Poderá ou não ser confeccionado cadastro completo para os clientes da agência de turismo cujo pagamento dos serviços seja **faturado**. A coleta de informações fornecida pelos clientes será feita por meio de formulário específico, fornecido ao cliente pela agência de turismo, ou por meio da ficha cadastral da própria empresa, quando visitada pelo representante da agência de turismo. Para a elaboração do cadastro, são necessários os seguintes documentos:

Pessoa física – cópia simples de: CPF, carteira de identidade, comprovante de residência e comprovante de rendimento ou similar.
Pessoa jurídica – cópia simples do último balanço, do documento que represente a sociedade (atas, estatutos, contrato social etc.) e do CNPJ/MF.

Todos os cadastros devem ser revisados no mínimo a cada seis meses.

3.7 Forma de remuneração

Desde 2000, há um modelo de remuneração para os agentes de viagens especializados em contas corporativas. Atualmente, as agências de turismo recebem uma comissão da empresa aérea pela intermediação ou venda da passagem, denominada *sistema rebate* (repasse de comissões). No entanto, a tendência é o modelo das *fees* (taxas) – receita obtida por serviço prestado a um correntista ou pelo gerenciamento de uma conta corporativa de viagens. Assim, daqui por diante, a tendência será o *consultor de viagens* (nova denominação do agente de viagens) indicar ao cliente o modelo mais adequado (*flat fee, management fee* ou *transaction fee*), com base nas características, no volume e no tipo de viagem de cada empresa corporativa. Essa nova prática de cobrar por serviços prestados pela agência de turismo já está vigorando, uma vez que a empresa aérea eliminou por completo o comissionamento às agências de turismo.

3.8 Fluxo de abertura de conta-corrente

A abertura de uma conta corporativa divide-se nas seguintes fases:

- **Fase 1** – proposta de conta-corrente: agência de turismo apresenta proposta de serviços turísticos à empresa solicitante.

- **Fase 2** – avaliação e aprovação da conta-corrente: empresa solicitante fornece cadastro à agência de turismo. A agência de turismo aprova o cadastro da empresa.
- **Fase 3** – operacionalização da conta-corrente: a empresa solicita serviços turísticos à agência de turismo; a agência de turismo reserva serviços solicitados com os fornecedores, emite os documentos/comprovantes de viagem e entrega os documentos de viagem à empresa correntista. A empresa correntista entrega o comprovante de recebimento dos documentos, a nota de débito (ND).
- **Fase 4** – cobrança da conta-corrente: a agência de turismo envia fatura de serviços à empresa correntista e esta efetua o pagamento na data combinada.

3.9 Procedimentos para a solicitação dos serviços

O roteiro a seguir relaciona as informações que as agências de turismo devem solicitar aos clientes correntistas. A obtenção dessas informações concorre para aumentar o grau de eficácia do serviço prestado.

- Passagem aérea nacional (aviação comercial, ponte aérea, regional):
  - nome do *pax* (passageiro);
  - condição do *pax*;
  - itinerário pretendido;
  - data da viagem;
  - horário(s);
  - classe tarifária/base tarifária (F, Y, promocional ou restrita);
  - empresa aérea;
  - localização no avião;
  - forma de pagamento;
  - seguro de viagem;
  - outros dados, como *pax vip* (do inglês *very important person*, pessoa muito importante), doente, menor, idoso, lua de mel etc.
- Passagem aérea internacional:
  - nome do *pax*;

- condição do *pax*;
- itinerário pretendido;
- localização no avião;
- empresa aérea e classe tarifária por etapa da viagem;
- horário(s);
- data da viagem;
- forma de pagamento;
- seguro de viagem;
- compra de moeda estrangeira;
- documentação: passaporte (PPT), visto, vacina etc.;
- outros dados, como compra de moeda estrangeira, menor, *vip*, lua de mel, alimentação.

- Reserva de hotel:
  - nome do hóspede;
  - nome do hotel (HTL), categoria;
  - cidade e estado (país);
  - tipo de acomodação/localização;
  - data de chegada e de saída;
  - forma de pagamento: diárias e extras;
  - outros serviços.

- Aluguel de veículo:
  - nome do *pax*;
  - tipo de veículo;
  - cidade(s);
  - data e meio de chegada à(s) cidade(s);
  - período de locação;
  - local de retirada e de entrega do veículo.

- Pacotes turísticos ou roteiros a serem feitos (viagem a *forfait*):
  - nome do *pax*;
  - condição do *pax* (idade);
  - duração da viagem;
  - tipo de HTL desejado;
  - meio de transporte e classe(s);

- cidade(s) a ser(em) visitada(s) – informação acompanhada de roteiro;
- disponibilidade de gastos (previsão);
- necessidade de guia de turismo;
- compra de moeda estrangeira;
- seguro de viagem;
- documentação: PPT, visto, vacina.

◆ Cruzeiro marítimo:
  - nome do *pax*;
  - condição do *pax* (idade);
  - data da viagem (período);
  - roteiro ou destino do cruzeiro;
  - nome do navio ou da empresa;
  - tipo de cabine ou classe (se individual, dupla ou tripla, e, ainda, se interna ou externa, se com ou sem WC e chuveiro);
  - seguro de viagem;
  - documentação.

3.10 Decálogo dos direitos do consumidor de serviços turísticos

1 Liberdade de escolha do fornecedor.
2 Informação precisa sobre os serviços.
3 Proteção contra a publicidade enganosa.
4 Igualdade nas contratações.
5 Reparação dos danos patrimoniais e morais.
6 Acesso pleno a órgãos administrativos e judiciários.
7 Facilitação da defesa de seus direitos.
8 Opção entre reparação dos danos, substituição do produto, redução do preço ou reexecução do serviço.
9 Presunção relativa da verdade das alegações.
10 Insubmissão a constrangimento ou ameaça.

Estruturação do turismo **receptivo** 4

> ↷ ***Núcleo ou polo receptor*** *é o destino do turista, passageiro, visitante ou excursionista, ou o lugar que o recebe temporariamente.*

4.1 Meios de transporte do núcleo receptor

A localização do atrativo ou serviço a ser prestado insere-se no sistema viário do núcleo receptor, que precisa ser estudado e analisado pela agência que opera o receptivo.

A agência de turismo operadora de turismo receptivo deve estruturar-se de acordo com o desenvolvimento da demanda para a localidade ou região e adequar-se à sazonalidade dos eventos locais e regionais. O material de trabalho dessas agências receptivas são os mapas do núcleo receptor local e regional para a localização dos atrativos, o levantamento de todas as potencialidades turísticas, culturais, religiosas, artesanais e de lazer, com os canais de acesso e os roteiros devidamente cronometrados e ajustados.

Outro aspecto a que se deve reservar especial atenção, pois está diretamente relacionado ao deslocamento, é a definição das vias de acesso ao núcleo receptor e aos pontos de atrativos, com a ajuda de roteiros cuidadosamente organizados e checados pela equipe de atendimento ao visitante, ao cliente ou ao turista.

A criação de roteiros ou itinerários bem-planejados constitui outro aspecto de suma importância para o sucesso da agência na operação do turismo receptivo, uma vez que é da perícia e da criatividade na execução desse trabalho que depende a comercialização do próprio roteiro em âmbito local, regional, estadual, nacional e internacional.

4.2 *Voucher* ou cupom de serviços

O *voucher* é uma ordem para pagamento e prestação de serviços turísticos terrestres, emitida por uma agência de turismo em favor do usuário ou viajante, que, mediante sua apresentação ao fornecedor ou prestador de serviço, dá ao portador o direito de receber os serviços contratados nele descritos.

Podemos identificar vários tipos de *voucher* quanto aos serviços:

- *voucher* de serviço de traslado (transfer *in/out*);
- *voucher* de serviço de hotéis ou de hospedagem;
- *voucher* de serviços terrestres;
- *voucher* opcional: aluguel de carros e ônibus, serviços de intérprete etc.

O pagamento do *voucher* ocorre de duas formas:

- *Voucher* direto – a agência de turismo (operadora turística) emissora é responsável pelo pagamento integral ao fornecedor ou prestador de serviço turístico (por exemplo, o hotel). No caso de *voucher* direto para o hotel, devem constar os seguintes dados:
  - nome da agência de turismo;
  - número de diárias;
  - nome e endereço do hotel;
  - data de chegada;
  - data de saída;
  - tipo de acomodação;
  - alimentação (com ou sem café da manhã, meia pensão, pensão completa);
  - nome do portador do *voucher*;
  - observações gerais.
- *Voucher* indireto – a agência de turismo (operadora turística) emissora é responsável perante a agência operadora de turismo receptivo (operador local) pelo pagamento ao fornecedor ou ao prestador de serviços. Exemplo: hotel, locadora de veículo, passeios, guia de turismo etc.

O *voucher* nunca é emitido pelo prestador de serviços (empresa aérea, hotel, locadora de veículos etc.) e sua validade é rígida e restrita à sequência estabelecida no itinerário da viagem e às datas especificadas, isto é, ao tempo de duração da viagem contratada.

Esse documento é pessoal e intransferível e dá ao portador titular o direito de receber integralmente todos os serviços contratados e pagos e que foram nele especificados. No caso de os serviços não serem executados ou prestados, o reembolso é assegurado desde que o evento seja de responsabilidade da agência de turismo emissora. Sua emissão geralmente é feita em três vias:

- 1ª via – entregue ao passageiro ou ao cliente, que vai apresentá-la ao prestador de serviços;
- 2ª via – pertencente ao cliente como comprovante;
- 3ª via – reservada para arquivo ou controle da agência de turismo.

4.3 *Tours* profissionais e visitas técnicas

A agência operadora de turismo receptivo deve estar sempre atualizada sobre os acontecimentos do país e do mundo, e pronta para atender eficazmente às solicitações de serviços receptivos. Deve primar pela inovação, oferecendo a seus parceiros e principais usuários (turistas e empresas) roteiros inéditos, novos serviços etc.

O Brasil inteiro – São Paulo em especial – oferece excepcionais oportunidades para técnicos, especialistas e profissionais dos mais variados campos, possibilitando a exploração empresarial do turismo receptivo. O desenvolvimento agrícola, a riqueza industrial e comercial, os eventos nacionais, a exuberância da natureza (turismo ecológico, turismo rural, turismo de aventura, navegação fluvial, praias, estações de águas termais etc.) são pontos de atração inigualáveis. A agência operadora do turismo receptivo deve estar capacitada para organizar, sugerir e aconselhar itinerários especializados.

A relação de *tours* profissionais e de visitas técnicas apresentada a seguir dá uma noção do tipo de atividades que poderão ser organizadas pela agência de turismo em qualquer estado brasileiro, de modo especial em São Paulo:

- arquitetos e construtores;
- usinas de álcool combustível e de açúcar;

- indústria têxtil;
- sapatos e couros;
- fabricantes de móveis;
- criadores de gado e fazendeiros;
- joalheiros;
- produtores de café;
- indústria automobilística;
- apiários (produção de mel);
- colheita da soja, trigo e milho;
- fabricantes de chocolates;
- parques temáticos e ecológicos;
- vindima (da uva);
- centros hospitalares.

4.4 Planejamento dos roteiros básicos e especiais de turismo

O turismo receptivo é composto de um conjunto de serviços de apoio e assistência destinados a turistas individuais ou a grupos de turistas, a quem se proporciona acompanhamento, *transfers*, circuitos turísticos, excursões locais ou regionais, espetáculos etc., organizados por agências de turismo especializadas na área, com o propósito de apresentar uma cidade ou região.

Os programas que constituem o turismo receptivo podem ser entendidos ou compreendidos como serviços de receptivo, quais sejam, roteiros, passeios, excursões, *tours, by-nights*, pacotes e *package tours*.

Os programas que compõem o turismo receptivo são:

- traslado;
- *city tour*;
- *sightseeing*;
- serviços especiais.

Descreveremos a seguir cada um desses programas usando exemplos correntes do Estado de São Paulo para maior clareza.

O **traslado** ou *transfer* tem por finalidade recepcionar o turista no terminal de transportes de chegada à cidade e levá-lo ao local de hospedagem e aos serviços similares. Exemplos: traslado do ou para o aeroporto de Congonhas (CGH), incluindo assistência e gorjeta para bagageiros (duas malas por pessoa) – o aeroporto de Congonhas situa-se a 13 km do centro de São Paulo; traslado de ou para o porto de Santos, incluindo assistência e gorjeta para bagageiros (duas malas por pessoa) – o porto de Santos situa-se a 75 km da capital de São Paulo.

Outra modalidade de programa básico, o *city tour* (passeio pela cidade), proporciona ao turista uma visão geral das características da cidade: sua história, sua importância no estado e no país, seus usos e costumes, sua população, principais eventos e demais aspectos que a diferenciam das demais cidades. Por exemplo, passeio ou excursão de três horas para visita aos principais museus da cidade: Museu de Arte de São Paulo, Museu de Arte Moderna, Museu de Arte Contemporânea. Esses museus poderão ser substituídos no passeio, de acordo com a solicitação dos clientes, por Museu de Arte Sacra, Museu do Folclore, Museu Paulista, Casa do Bandeirante e Museu do Futebol.

A terceira modalidade de programa básico, o ***sightseeing***, oferece ao turista, em passeios um pouco mais diversificados ou longos, uma visão de outros atrativos de ordem geral, localizados fora do perímetro urbano, mas que têm inter-relação com a cidade. No caso de São Paulo, são os passeios em Embu, São Bernardo do Campo e Santos/São Vicente, por exemplo. No passeio ou excursão de oito horas a Santos/São Vicente, podem ser visitados o Monumento à Independência do Brasil, as Zonas Industriais, a Via Anchieta, a Serra do Mar, a Casa do Café, o Orquidário, a Ilha Porchat, as praias, com almoço incluído. O retorno a São Paulo deve ser feito pela moderna Rodovia dos Imigrantes.

Os **serviços especiais** ou *tours* específicos, também uma modalidade de programa básico, oferecem ao turista uma visão detalhada de determinado aspecto da cidade/região. Incluem os *tours* históricos e os *tours* profissionais. Podemos citar o passeio ou a excursão de oito horas à região agrícola e frutífera do Estado de São Paulo, passando pela Via Anhanguera, com visita a uma cooperativa agrícola para conhecer plantações de café, cana-de-açúcar, laranja, flores, entre outras, e os serviços e a infraestrutura relacionados ao gado leiteiro. Almoço na cooperativa, visita à cidade de Campinas e retorno pela moderna Rodovia dos Bandeirantes.

Outro exemplo seria uma atividade *full time* com guia profissional para visitas técnicas programadas antecipadamente e sob encomenda, ou seja, personalizada.

4.5 Cotização de roteiros

Os roteiros podem ser cotizados em:

- programas individuais;
- programas coletivos.

- **Programa individual** – é aquele realizado para um único turista ou grupo familiar. Incluímos o grupo familiar na categoria de *programa individual* por haver uma pessoa no grupo com poder de decidir sobre a programação a ser cumprida e de efetuar o pagamento, e é a quem também se apresenta o custo total do programa.

- **Programa coletivo** – é aquele realizado por qualquer grupo de turistas em que o pagamento seja individualizado. Nesse caso, a cotização do roteiro segue a seguinte formulação:
  - estabelecimento dos componentes do roteiro;
  - definição do custo de cada componente do roteiro;
  - soma de todos os custos fixos (que não dependem do número de passageiros) envolvidos no roteiro, como veículo, guia de turismo etc.;
  - soma de todos os custos variáveis envolvidos no roteiro (relativos a cada um dos participantes, como ingressos, refeições etc.);
  - estabelecimento do risco da operação (número de passageiros utilizados como ponto de equilíbrio). Esse risco normalmente é decidido pela gerência da agência de turismo.

4.6 Instrumentos de controle de serviços receptivos

O mapa de vendas é um dos instrumentos de fundamental importância para o perfeito controle das vendas de serviços receptivos. Esse mapa pode conter as seguintes informações:

- nome do *pax* (passageiro);
- condição do *pax*;
- tipo de acomodação;
- data da viagem;
- número do *ticket* (TKT);
- localizador da reserva;
- número do *voucher*;
- número da ficha de inscrição;
- forma de pagamento;
- agência de turismo vendedora;
- prazo para pagamento.

Há ainda outros meios de controle eficazes que podem ser utilizados. Dentre eles, destacam-se:

- relatório de viagem;
- relatório do motorista;
- questionário de avaliação preenchidos pelos passageiros.

Quando analisados em conjunto, esses três meios de controle são extremamente eficazes para a avaliação da qualidade dos produtos/serviços ofertados. São esses instrumentos que sugerem, se necessário, mudanças que podem influir no processo inteiro. Por seu caráter estrutural e interativo, já que incluem a opinião do passageiro, esses meios ocupam lugar de destaque entre os recursos de controle.

4.7 A relação com as empresas aéreas

A agência de turismo que opera o turismo receptivo e atende clientes do exterior e de outros estados precisa manter um estreito relacionamento comercial com as empresas aéreas no tocante a bloqueio de lugares e à reconfirmação de passagens de retorno ou demais trechos da viagem. É evidente que a empresa aérea tem suas regras a cumprir, estabelecidas por órgãos como Anac, Iata, Snea etc., e o agente de viagem operador do turismo receptivo deve conhecer essas regras pertinentes ao transporte aéreo no que se refere aos seguintes pontos:

- emissão de bilhete de passagem;
- reemissão de bilhete;
- endosso de bilhete;
- reserva de lugar, cancelamento de reserva, excesso de bagagem, vistos, vacinas, passaporte, *no-show*, *overbooking* etc.

Um dos pontos mais importantes é conhecer o bilhete de passagem aérea; por isso, daremos a seguir uma visão técnica desse documento utilizado pelo passageiro (turista, viajante, usuário, cliente).

O bilhete, documento intitulado *bilhete de passagem* (incluindo todas as etapas da viagem), caracteriza o contrato entre o usuário e a empresa aérea para o referido transporte contratado e sua respectiva bagagem.

Esse documento é pessoal e intransferível e não pode ser emitido sem o nome do usuário ou passageiro. É válido para qualquer empresa aeroviária, respeitados a natureza do transporte contratado (classe, forma de pagamento, rota, condição do passageiro) e o prazo de validade. Uma vez emitido, serve para o transporte do aeroporto de origem ao aeroporto de destino pela rota indicada. Os bilhetes de voo devem ser utilizados na ordem de emissão, desde o ponto de partida (origem) que figure no cupom do passageiro. O bilhete de passagem com tarifa normal é válido por um ano; quando promocional, terá sua validade de acordo com a regulamentação específica (da mesma tarifa), que sempre será editada pela empresa aérea envolvida. O bilhete de passagem aérea poderá ter o período de validade prorrogado por diversas razões, a saber:

- Técnicas:
  - cancelamento de voo;
  - mudança de horário de voo;
  - perda de conexão;
  - substituição de uma classe de serviço por outra;
  - omissão de uma escala, quando esta for o ponto de destino ou estada do passageiro;
  - *overbooking* (quando um passageiro, por falta de lugar, se vê impedido de cumprir com a validade, esta é prorrogada até o primeiro voo disponível, porém não por mais de sete dias).

- Enfermidade:
  - quando o bilhete tiver sido emitido com tarifa normal, prorroga-se a validade até a data em que o passageiro estiver novamente em condições de viajar, segundo atestado médico, ou até o primeiro voo com lugar disponível;
  - quando restarem dois ou mais cupons de voo por utilizar, supondo paradas do passageiro, prorroga-se a validade por até três meses a contar da data que figure no atestado médico;
  - em caso de bilhete com tarifa especial, prorroga-se a validade até o primeiro voo com lugar disponível a partir da data em que o passageiro tenha condições de viajar, porém não por mais de sete dias.

Regulamentação do tráfego **aéreo** 5

↳ *Temos, atualmente, regras relativas ao transporte aéreo nacional e internacional as quais devemos conhecer, pois contemplam praticamente todas as situações de mercado.*

O transporte aéreo internacional é regulamentado pela Convenção de Varsóvia, assinada em 12 de outubro de 1929 e promulgada pelo Decreto nº 20.704, de 24 de novembro de 1931, com a redação do Protocolo de Haia de 1955, promulgado pelo Decreto nº 56.463, de 15 de junho de 1965. O transporte aéreo nacional, por sua vez, é regulamentado pelo Código Brasileiro de Aeronáutica (CBA) – Lei nº 7.565, de 19 de dezembro de 1986 –, e pelas Condições Gerais de Transportes Aéreos – Portaria nº 676/GC-5, de 13 de novembro de 2000, e demais resoluções da Anac.

5.1 Legislação aeroportuária

A Agência Nacional de Aviação Civil (Anac) é um órgão do Ministério da Aeronáutica que cuida, entre outros assuntos, da regulamentação da aviação comercial no Brasil.

O agente de viagens deve conhecer a Portaria nº 676/GC-5, responsável por estabelecer as Condições Gerais de Transportes Aéreos, definindo, portanto, direitos e obrigações da companhia aérea transportadora, do agente de viagens vendedor e do turista.

Estas são as resoluções da Anac que o agente de viagens e seus prepostos também devem conhecer:

- Resolução nº 141, de 09 de março de 2010 – "Dispõe sobre as Condições Gerais de Transporte aplicáveis aos atrasos e cancelamentos de voos e às hipóteses de preterição de passageiros e dá outras providências". Nota: Esta Resolução substitui as disposições dos arts. 6º, 9º, 22, 23 e 24, da Portaria 676/GC-5, de 13 de novembro de 2000.

- Resolução nº 140, de 9 de março de 2010 – "Regulamenta o registro de tarifas referentes aos serviços de transporte aéreo regular".
- Resolução nº 196, de 24 de agosto de 2011 – "Dispõe sobre a regulamentação do serviço de atendimento ao passageiro prestado pelas empresas de transporte aéreo regular".
- Resolução nº 138, de 9 de março de 2010 – "Dispõe sobre as condições gerais de transporte atinentes à comercialização e às características do bilhete de passagem e dá outras disposições". Nota: Esta Resolução cancela os arts. 2º, 3º, 4º, 5º e 60 da Portaria 676/GC-5, de 13 de novembro de 2000.[1]

Apresentamos a seguir os principais dispositivos legais que o agente de viagens e seus prepostos devem conhecer da Portaria supracitada:

Art. 12 – A reserva só será considerada confirmada quando, no respectivo cupom de voo do bilhete de passagem, estiverem devidamente anotados, pelo transportador ou por agente autorizado, o número, a data e a hora do voo, bem como a classe do serviço e a situação da reserva.

Art. 16 – O passageiro com reserva confirmada deverá comparecer para embarque no horário estabelecido pela empresa ou:

a) até 30 (trinta) minutos antes da hora estabelecida no bilhete de passagem, para as linhas domésticas; e

b) até 60 (sessenta) minutos antes da hora estabelecida no bilhete de passagem para as linhas internacionais.

IMPORTANTE: Para saber qual o período mínimo necessário para a conexão em cada aeroporto do mundo, consulte-se a tabela *Minimum Connecting Time*, existente nos manuais técnicos internacionais OAG ou ABC, ou nos sistemas de reservas (GDSs) Amadeus, Sabre, Worldspan e Galileu.

Art. 45 – Os animais vivos poderão ser transportados em aeronaves não cargueiras, em compartimento destinado a carga e bagagem.

---

1 Disponível em: <http://www2.anac.gov.br/biblioteca/portarias/port676GC5.pdf> Acesso em 25 out. 2013.

Art. 46 – O transporte de animais domésticos (cães e gatos) na cabina de passageiros poderá ser admitido, desde que transportado com segurança, em embalagem apropriada e não acarretem desconforto para os demais passageiros.

Art. 47 – [...] Parágrafo único. Por ocasião do embarque, o passageiro deverá apresentar atestado de sanidade do animal, fornecido pela Secretaria de Agricultura Estadual, Posto do Departamento de Defesa Animal ou por médico veterinário.

Art. 59 – Quando a acomodação do passageiro a bordo exigir mais de um assento, poderá o transportador cobrar passagem pelo número de poltronas bloqueadas.

Art. 61 – São deveres dos passageiros:

a) apresentar-se, para embarque, munido de documento legal de identificação na *hora estabelecida pelo transportador no bilhete de passagem* [o grifo é nosso para ressaltar ao agente de turismo receptivo a importância da marcação, em local visível na documentação dos passageiros, do horário para apresentação no aeroporto];

b) estar convenientemente trajado e calçado;

c) observar os avisos escritos ou transmitidos pela tripulação; [...]

Art. 62 – O comandante da aeronave exerce autoridade sobre as pessoas e as coisas que se encontram a bordo, podendo, para manter a disciplina a bordo, adotar as seguintes providências:

a) impedir o embarque de passageiro alcoolizado, sob ação de entorpecente ou de substância que determine dependência psíquica;

b) impedir o embarque de passageiro que não se encontre convenientemente trajado e calçado.

5.2 Principais deveres do passageiro

1. Passageiro com reserva deve comparecer para embarque nos prazos estabelecidos pela empresa aérea, sendo os limites máximos:
   - até 30 minutos antes da hora de partida do avião, em voos nacionais;
   - até 60 minutos antes da hora de partida do avião, em voos internacionais.
2. Em viagens de volta, o passageiro deve reconfirmar sua reserva, informando endereço e telefone de seu local de hospedagem. Em voos internacionais, a reconfirmação de reserva é obrigatória até 72 horas antes do horário de partida do avião.

3. A confirmação da reserva por parte de uma empresa aérea ou de um preposto será considerada efetiva se estiver devidamente anotada em campo próprio no bilhete de passagem.
4. O cancelamento de reserva já confirmada deve ser feito até quatro horas antes do horário de apresentação do passageiro para embarque.
5. A empresa aérea pode exigir do passageiro a utilização de trajes que considerar adequados, vetando, por exemplo, camisetas sem manga ou roupa de banho e de ginástica.
6. A bordo, o passageiro deve obedecer a todas as orientações da tripulação e não poderá causar desconforto, prejuízo ou incômodo aos demais passageiros. Os pais não devem permitir, por exemplo, que crianças brinquem com a mesinha destinada a refeições, presa no encosto da poltrona da frente.
7. A bordo, o usuário não pode fazer uso de bebidas que não sejam oferecidas pelo transportador.
8. O passageiro não poderá utilizar aparelhos eletrônicos que possam interferir nas operações do avião ou perturbar a tranquilidade dos demais passageiros.
9. O passageiro deverá manter atado o cinto de segurança sempre que a tripulação determinar. Durante o estacionamento, até a completa parada do avião, não é permitido levantar-se e retirar volumes dos compartimentos de bagagem. Uma freada brusca poderá causar acidentes, com prejuízos para o passageiro – e/ou para terceiros – que desobedecer a essas recomendações da tripulação.
10. A empresa aérea não permitirá que o passageiro conduza objetos capazes de produzir perigo ou risco à tripulação e perturbar a tranquilidade do voo.
11. Carregar coletes salva-vidas e cartões de instrução de emergências como lembranças do voo poderá trazer consequências desagradáveis para o passageiro. Todos os objetos a bordo fazem parte da aeronave e são importantes para a completa segurança do voo.
12. O comandante é a autoridade máxima do voo, desde o fechamento (no ponto de partida) até a abertura (no ponto de chegada) das portas da aeronave. Quando julgar necessário, o comandante poderá proibir a presença de passageiros inconvenientes ou que colocarem em risco a segurança do voo, desembarcando-os na primeira escala.

13. É proibido o embarque de passageiros conduzindo armas, munições, explosivos, produtos químicos e materiais que possam colocar em risco a segurança do voo.
14. Passageiros autorizados a portar arma deverão entregá-la à empresa aérea, que a transportará descarregada, devolvendo-a no momento do desembarque.
15. Nos voos internacionais, os passageiros com porte de arma fornecido no Brasil estarão sujeitos à legislação do país de destino. A empresa aérea deve alertar o passageiro sobre o assunto.
16. Nos voos nacionais, oficiais das Forças Armadas e das Forças Auxiliares, assim como agentes policiais, poderão embarcar portando armas, desde que atendidas as exigências da regulamentação existente para tais situações.

5.3 Bagagem – regulamentação e responsabilidade

A bagagem que acompanha o turista ou o viajante é regida por legislação específica.

A Instrução Normativa RFB nº 1.059, de 2 de agosto de 2010,[2] define *bagagem*, para efeitos fiscais, como "o conjunto de bens do viajante que, pela quantidade ou qualidade, não recebe destinação comercial".

Por um lado, se a quantidade for grande e revelar destinação comercial, deixa de ser bagagem e passa a ser considerada importação, estando, como tal, sujeita à regulamentação específica. Por outro lado, pela definição de qualidade, ou seja, de natureza do produto, há que se demonstrar a ausência de destinação comercial. Em se tratando de bagagem com excesso de peso em uma viagem aérea, é recomendável que o passageiro envie todo o excesso pelo sistema denominado bagagem aérea desacompanhada por ter um custo menor. A bagagem desacompanhada não é desembaraçada no mesmo local do desembarque de passageiros, mas sim no armazém da Infraero, onde também é efetuada a fiscalização. Se a viagem for de navio, o desembaraço será no armazém de bagagens do porto.

---

2 Definição do autor, com base nas informações do site <http://www.receita.fazenda.gov.br/legislacao/ins/2010/in10592010.htm>.

A legislação brasileira especifica que a bagagem não pode ser vistoriada antes da chegada do passageiro de sua viagem ao exterior. A lei vigente também dispõe que a bagagem só pode ser originária de um país onde se tenha estado. Assim, ela não pode ser despachada, por exemplo, da Itália, se o passageiro só esteve na França e na Alemanha.

Responsabilidade pela bagagem

A responsabilidade pela bagagem e por seu conteúdo é sempre do passageiro. Assim, ninguém pode se eximir de responsabilidade perante as autoridades alfandegárias ou policiais alegando que um conhecido ou desconhecido lhe pediu para que levasse ou trouxesse algum pacote, mala ou objeto cujo conteúdo desconhece. Perante as autoridades, o passageiro é o único e exclusivo responsável pela bagagem e por seu conteúdo.

Os turistas estrangeiros em visita ao Brasil recebem isenção para aparelhos de rádio, câmeras fotográficas, filmadoras, gravadores de som ou de vídeo, todos de tipo portátil, desde que em uso pelos próprios turistas e limitados a uma unidade por tipo de aparelho (Decreto-Lei nº 1.455/76, art. 1º, III, e § 3º).[3] Entretanto, os estrangeiros que entram no país a trabalho e a negócios e cujos bens integrantes da bagagem excedam aos limites de isenção são enquadrados no Regime de Admissão Temporária. Esse regime destina-se aos empresários e a pessoas envolvidas com negócios, participantes de congressos, simpósios, feiras, estudantes com bolsas de estudo ou profissionais especializados, como técnicos ou mecânicos, por exemplo, que venham executar um trabalho em determinada empresa e portem, em sua *bagagem*, ferramentas ou produtos que serão expostos e/ou utilizados no âmbito de suas atividades.

A Receita Federal só confere o registro de entrada dos bens sob esse regime após verificar sua qualidade e quantidade; ao fim desse exame, os bens são isentos de taxação. No entanto, se os objetos trazidos forem em quantidade – por exemplo, amostras – devem ser registrados para que possam ser tratados dessa forma; caso contrário, serão considerados artigos destinados ao comércio, sujeitos aos devidos impostos, multas e taxas de importação.

---

3 Disponível em: <http://www.receita.fazenda.gov.br/Legislacao/Decretos-leis/DecLei145576.htm>. Acesso em 25 out. 2013.

Portanto, a admissão temporária só se aplica, em relação à bagagem, aos bens de estrangeiros que entrarem no país em viagem de negócios.

Tripulação e guias de turismo

Aos tripulantes e aos guias de turismo somente são concedidas isenções referentes a roupas e a objetos de uso pessoal, assim como jornais, livros e periódicos, compatíveis com o tempo de estada no exterior.

Bagagem nas viagens aéreas nacionais

Nas viagens aéreas domésticas ou nacionais, o passageiro tem direito a 20 quilos de bagagem na classe econômica e a 30 quilos na primeira classe e na classe executiva.

O passageiro menor de 12 anos, que paga 50% do valor do bilhete, tem as mesmas regalias do passageiro adulto. Já a criança com menos de 2 anos de idade, apesar de pagar apenas 10% da tarifa aérea, não tem direito à franquia de bagagem.

Em voos domésticos com conexão internacional, prevalece a franquia estabelecida para viagens internacionais.

A empresa aérea, no momento do despacho, durante o *check-in*, sempre entrega ao passageiro o comprovante correspondente à bagagem despachada ou embarcada, com indicação dos pontos de partida e de destino, número de etiqueta da bagagem, quantidade, peso e valor declarado dos volumes, quando necessário. O comprovante ou a nota de bagagem é o contrato de transporte da bagagem com a empresa aérea transportadora. Esse contrato é firmado e inicia sua execução com a entrega do comprovante de despacho, extinguindo-se com o recebimento da bagagem no aeroporto de destino.

O passageiro tem direito a transportar objetos como bagagem de mão que pesem até 5 quilos, e a soma de seu comprimento com sua largura e altura não pode ultrapassar 115 centímetros. Exemplos de bagagens de mão transportadas gratuitamente:

- um sobretudo, manta ou cobertor;
- um guarda-chuva ou uma bengala;
- uma máquina fotográfica pequena e/ou um binóculo;

- material de leitura para viagem em quantidade considerada normal;
- alimentação infantil para consumo durante a viagem (só para crianças com menos de 2 anos);
- um carrinho de mão para transporte de criança de colo, que poderá ser transportado gratuitamente no compartimento de bagagem do avião;
- uma bolsa, valise (maleta de mão) ou equipamento que possa ser acomodado sob o assento do passageiro da frente ou em compartimento próprio da aeronave, com peso máximo de cinco quilos.

Como agir em casos de bagagem danificada ou extraviada

Em caso de constatação de dano, pelo passageiro, em bagagem, ao retirá-la da esteira do aeroporto, o fato deve ser comunicado à empresa aérea imediatamente. Um relatório será preenchido com todos os detalhes sobre os danos, apontando até as possibilidades de reparo; após os levantamentos técnicos, a empresa providenciará a indenização cabível, verificando, inclusive, se houve má-fé do passageiro, dolo ou ainda se a embalagem era inadequada para o transporte.

No caso de extravio de bagagem, o passageiro deverá comunicar o problema à empresa aérea no próprio aeroporto, na área de entrega das bagagens. Será feito um relatório contendo a descrição do volume extraviado e informações detalhadas sobre seu conteúdo. A empresa aérea tratará de localizar a bagagem e, caso não obtenha êxito, será obrigada a indenizar o passageiro.

Para fazer a reclamação, o passageiro deverá estar munido do devido comprovante de bagagem. A empresa aérea não aceita reclamações referentes a dinheiro, joias, máquinas fotográficas, filmadoras e outros objetos de valor, exceto se o passageiro, por ocasião do embarque, tiver declarado esses bens e pago um adicional referente ao seguro de transporte.

Para facilitar a identificação e a localização em caso de extravio, o passageiro deve colocar, na bagagem, uma etiqueta externa e outra interna, com nome, endereço completo e telefone.

Ao receber o bilhete de passagem, o passageiro deve ler atentamente sua contracapa, na qual constam as limitações de responsabilidade da empresa aérea no transporte de bagagem.

A bagagem é parte integrante dos pertences do turista ou do usuário de qualquer sistema de transporte. Cada sistema ou meio de transporte tem suas regras e normas para viagens locais, regionais, interestaduais ou internacionais. Existe, todavia, um avanço no transporte aéreo no que se refere ao extravio de bagagem. Há uma rápida solução para os casos de desvio ou extravio de bagagem, garantida pelos controles eletrônicos instalados nos aeroportos, além dos seguros específicos da própria empresa aérea e das empresas de assistência e seguro de saúde.

De acordo com a Portaria nº 676/GC-5, de 13 de novembro de 2000, do Ministério da Aeronáutica, em seus arts. 42 e 43, Seção IV (Da Bagagem de Mão), do Capítulo III (Do Transporte de Coisas),[4] nas linhas domésticas, é facultado ao passageiro conduzir, como bagagem de mão, objetos de uso exclusivamente pessoal, livre de pagamento de tarifa ou frete, desde que não tenham peso superior a cinco quilos, e que estejam devidamente acondicionados, não importunando os demais passageiros. Nas linhas internacionais, a condução de bagagem de mão obedecerá ao que prescrevem os respectivos convênios aprovados pelo Governo Brasileiro ou, na falta destes, ao que for estabelecido pelo Diretor-Geral do Departamento de Aviação Civil.

5.4 Documentos de transporte

Os documentos de transporte são apenas três:

- bilhete de passagem para o transporte de pessoas;
- nota de bagagem para o transporte de coisas (malas, pacotes despachados);
- conhecimento aéreo para o transporte de cargas.

O bilhete de passagem é o comprovante de transporte de pessoas, sendo pessoal e intransferível. É endossável e reembolsável. Deve conter no mínimo as seguintes informações:

- nome do passageiro;
- nome e domicílio do transportador;
- lugar e data da emissão;

---

4 Disponível em: <http://www2.anac.gov.br/biblioteca/portarias/port676GC5.pdf>. Acesso em 25 out. 2013.

- origem e destino da viagem;
- classe de serviço, base tarifária ou outro dado que identifique o tipo de transporte;
- valor da tarifa de passagem, taxa de embarque e valor total cobrado do passageiro;
- franquia e bagagem;
- sigla e nome do transportador que efetivamente realizar o voo, nos casos de voo compartilhado (*code sharing*);
- forma de pagamento;
- prazo de validade da tarifa;
- restrições quanto à utilização do bilhete, quando for o caso (tarifa restrita ou promocional).

O prazo máximo para o efetivo pagamento do valor a ser reembolsado é de 30 dias, contado a partir da data da solicitação.

A reserva só será confirmada quando estiverem anotados, no bilhete de passagem (cupom de voo), a data da viagem, a hora do voo, a classe de serviço e a situação da reserva.

O passageiro poderá cancelar a reserva já confirmada com a antecedência mínima de quatro horas em relação à hora marcada no bilhete de passagem. Para cancelamento de grupos, porém, a antecedência deverá ser de 72 horas, para grupos de cinco a dez passageiros, e de dez dias, para grupos de mais de dez passageiros.

O bilhete extraviado deve ser substituído pelo transportador emitente, nas mesmas bases e condições contratadas, respeitando-se o prazo de validade original.

O passageiro com reserva confirmada deve comparecer para o embarque no horário definido pela empresa aérea; normalmente, a antecedência mínima é de 30 minutos para as viagens domésticas e de até 60 minutos para as viagens internacionais.

O passageiro pode mudar o contrato original de transporte, antes ou após seu início, dentro do prazo de validade; nesse caso, o transportador pode realizar os ajustes de tarifas ou variações cambiais ocorridas no período de sua validade. No entanto, nos casos em que o transportador cancelar o voo, ou este sofrer atraso, ou, ainda, houver preterição por excesso de passageiros (*overbooking*), a empresa aérea deverá acomodar o(s) passageiro(s) com reserva(s) confirmada(s) em outro voo, próprio ou de congênere, no prazo máximo de quatro horas do horário estabelecido no bilhete. Caso esse prazo não possa ser cumprido pela empresa aérea, o usuário poderá optar entre viajar em outro voo ou obter endosso ou reembolso do bilhete de passagem.

As grandes inovações da informática possibilitam hoje a emissão de dois tipos de bilhete de passagem aérea para a aviação comercial brasileira:

- emissão eletrônica – padrão Iata/BSP – bilhete neutro ou padrão único para viagens nacionais e internacionais. Trata-se, em síntese, de uma "impressão/emissão física", por meio de impressora. Esse modelo, emitido nas agências de turismo em qualquer sistema GDS instalado, é um bilhete padrão Iata/BSP, impresso eletronicamente;
- emissão de bilhete eletrônico (*e-ticket/ticketless* = e-tkt ou ET), ou seja, emissão feita por meio virtual.

O e-tkt ou ET é uma passagem aérea virtual que, dada sua natureza inovadora, dispensa o uso dos cupons em papel nos modelos convencionais em uso. Toda operação de emissão, reserva e uso ocorre eletronicamente. As agências de turismo têm acesso ao sistema desde que utilizem o sistema de reservas (GDS) correspondente da empresa aérea. Trata-se, em síntese, de uma "impressão/emissão virtual". Exemplo: American Airlines = Sabre. O processo para a emissão do bilhete eletrônico é bastante simples para quem já emite os bilhetes informatizados Iata/BSP.

Existem também os regulamentos de construção tarifária baseados no país de venda (pagamento) da tarifa e no país de emissão do bilhete, tendo como parâmetro o país de início da viagem. Os códigos formados por quatro letras, apresentados a seguir, em maiúscula, utilizam-se das iniciais das palavras inglesas: *sold* = vendido/*ticket* = bilhete emitido/*in* = dentro/*out* = fora:

- SITI = venda e emissão de bilhete no mesmo país de início da viagem.
- SOTI = venda fora e emissão do bilhete dentro do país de início da viagem (PTA).
- SOTO = venda e emissão do bilhete fora do país de início da viagem.
- SITO = venda dentro e emissão do bilhete fora do país de início da viagem.

Esses códigos são inseridos e permanecem no bilhete do passageiro, indicando que os regulamentos correspondentes devem ser obedecidos também na ocasião de uma eventual reitineração, não importando onde essa ocorrer.

A nota de bagagem, outro tipo de documento de transporte, é o comprovante de volumes registrados e despachados por ocasião do embarque. Essa etiqueta constitui prova do contrato de transporte aéreo, ou outro meio, para o transporte de objetos, a bagagem que acompanha o passageiro por ocasião do embarque.

Finalmente, temos o conhecimento aéreo, um comprovante do contrato firmado entre a empresa de transporte aéreo e o passageiro para o transporte de cargas. A execução do contrato de transporte de carga inicia-se com o recebimento da carga pelo transportador, persistindo durante todo o período em que ela se encontrar sob sua guarda, em aeródromo, a bordo da aeronave ou em depósito, e se extingue com sua entrega ao respectivo destinatário ou a seu representante legalmente constituído.

Glossário

ↄ *Corrente turística* é o movimento de turistas entre um núcleo emissor e um núcleo receptor.

Hotelaria

ABIH – Associação Brasileira da Indústria de Hotéis.

AP (*American Plan*) – Pensão completa (café da manhã, almoço e jantar).

Bellboy – Mensageiro.

Change – Câmbio, troco.

Check-list – Lista de verificação e/ou checagem.

Collect call – Chamada a cobrar.

Concierge – Porteiro.

CP (*Continental Plan*) – Acomodação em hotel com apenas o café da manhã.

Day rate/day use – Porcentagem da tarifa regular, cobrada pelo uso do quarto por um convidado durante o dia, até as 18 horas.

Desk clerk – Recepcionista de hotel.

Double room – Acomodação para duas pessoas em um mesmo quarto (casal).

Early check-in – Entrada de hóspede antes do horário.

EP (*European Plan*) – Acomodação sem direito a refeições.

Front office – Conjunto de subsetores existentes na recepção do hotel: recepção, reservas, telefonia e caixa.

Group rate – Tarifas específicas para grupos, oferecidas pelo hotel, geralmente determinadas pelo volume de reservas.

Guaranteed room reservation – Garantia de pagamento da reserva mesmo que um membro do grupo não compareça. Normalmente, existe um prazo durante o qual é possível cancelar, mas raramente após as 18 horas do dia previsto para a chegada.

Guest – Hóspede ou convidado.

Half board – Café e, geralmente, jantar, ou seja, sistema de meia pensão.

Housekeeper – Governanta.

Housekeeping – Governança.

Inside room – Quarto de hotel interno.

Late check-out – Saída de hóspede após o vencimento da diária.

Lobby – Saguão do hotel.

Local call – Chamada telefônica local.

Long distance call – Chamada interurbana.

Luggage – Bagagem do hóspede.

Master account – Conta que o hotel estabelece e na qual são lançadas todas as despesas de responsabilidade da empresa organizadora de determinado evento; despesas extras são debitadas na conta de cada participante.

Outside room – Quarto voltado para a rua.

Porteage – Pagamento de malas.

Rooming list – Lista de acomodação de turistas no hotel ("quem com quem").

Run of the house rate – Tarifa oferecida pelo hotel sem especificar localização, tamanho e vista do apartamento.

Setup breakdown time – Tempo necessário para arrumar/rearrumar uma sala a fim de que ela esteja pronta a tempo para receber o grupo de turistas.

Single – Acomodação em quarto para uma pessoa (solteiro).

Twin – Acomodação em quarto com duas camas de solteiro.

Transportes

ADT – Tarifa aérea de adulto.

Anac – Agência Nacional de Aviação Civil.

BSP (*Billing Settlement Plan*) – Plano de compensação e faturamento – sistema de emissão e faturamento de passagens aéreas nacionais e internacionais editado pela Iata/BSP-BR.

CBA – Código Brasileiro de Aeronáutica.

CHD – Tarifa de criança ou meia passagem aérea.

Destino – Lugar onde termina a viagem.

Endosso – Transferência de direito de transporte de uma empresa aérea para sua congênere de acordo com as normas vigentes (exemplo: TKT TAM para Avianca ou vice-versa).

ET (*Electronic Ticketing*) – Novo bilhete eletrônico de passagem aérea utilizado pelas empresas aéreas. O ET substitui o bilhete físico convencional e o cartão de embarque.

Excursion fare – Tarifa de excursão. Trata-se de uma tarifa especial que sempre contém restrições (prazo de emissão, estada mínima etc.).

Fare code – Código tarifário. É um código utilizado pelas empresas aéreas para efetuar uma reserva em uma tarifa específica.

Finger – Túnel ou condutor que leva os passageiros do portão de embarque até a porta da aeronave.

Gateways – Portas de entrada. Pontos de acesso a determinada região ou área escolhidos para a montagem de roteiros tanto pela conveniência das conexões de voo quanto pelo cálculo da melhor tarifa.

GSA (*General Sales Agent*) – Agente geral de vendas – representante comercial oficial de empresa aérea nacional ou internacional. Atualmente essa figura é confundida com a do consolidador de bilhetes aéreos.

INF – Tarifa de criança de colo, cujo preço equivale a 10% da passagem aérea.

Jurcaib – Junta de Representantes das Companhias Aéreas Internacionais no Brasil.

LOC (Localizador) – Código que localiza a reserva feita na empresa aérea em seu sistema de reservas (via Amadeus, Sabre ou Galileu).

Non-stop – Ponto do roteiro em que o passageiro continua sua viagem dentro do dia da chegada ou, se não for possível, até 24 horas após.

No-show – Não comparecimento do passageiro para o embarque em uma viagem (aérea ou terrestre) reservada ou a um meio de hospedagem.

Origem – Lugar onde começa a viagem.

OW (*One Way*) – Viagem só de ida ou só de volta.

Pax – Passageiro.

PLP (*Pay Later Plan*) – Código que indica a venda de passagens aéreas a prazo ou pelo sistema de crediário.

PTA (*Prepaid Ticket Advice*) – Aviso antecipado de pagamento.

Range – Capacidade máxima de voo que uma aeronave tem sem reabastecimento.

Regular fare – Tarifa básica ou sem restrições (exemplos: Y e F).

Reissue – Reemissão de bilhete de passagem aérea em decorrência de mudança de classe, tarifa ou itinerário.

RLOC – Localizador de reserva de passagem aérea.

RMKS – Observações.

RT (*Round Trip*) – Viagem de ida e volta.

Stopover – Ponto do roteiro em que a viagem é voluntariamente interrompida pelo passageiro.

STP (*Satelite Ticket Printed*) – Impressora de bilhetes via satélite.

STPN – Rede de impressão de bilhetes via satélite.

Surface – Em terra; trecho da viagem sem parte aérea, ou seja, o passageiro utiliza-se de outro meio de transporte (exemplo: SAO/POA / FLN/SAO Y); interrupção do transporte aéreo com um trecho terrestre ou marítimo (superfície).

TKT – Bilhete de passagem aérea.

Tour operator – Agência de turismo (operadora turística especializada) que elabora viagens individuais ou em grupo sob encomenda, as denominadas viagens a *forfait*.

Transfer – Ponto onde ocorre a transferência.

Voo direto – Serviço aéreo entre dois pontos sem troca de aeronave ou sem escalas.

Voo *non-stop* – Voo sem escalas.

Wholesaler – Atacadista, ou seja, agência de turismo que cria e vende pacotes ao consumidor somente por meio de um varejista, ou seja, as demais agências de turismo.

Códigos de reservas

NS (*no seat*) – reservas para os casos de colo.

OK – lugar ou reserva confirmados.

PA – ponte aérea.

RQ – reserva solicitada e não confirmada.

WL – reserva em lista de espera.

Códigos de empresas aéreas

Toda empresa aérea nacional ou internacional é identificada por um código de apenas duas letras, como nos exemplos a seguir:

AA – American Airlines
AF – Air France
AM – Aeroméxico
AV – Avianca
AZ – Alitalia
CM – Copa Airlines
IB – Ibéria
JJ – TAM
KE – Korean Airlines
KL – KLM
LH – Lufthansa
QF – Qantas Airways
SU – Aeroflot
TP – TAP
UA – United Arlines

Códigos de cidades

Toda cidade servida pela aviação doméstica ou internacional é identificada por um código de três letras.

BHZ – Belo Horizonte
BSB – Brasília
BUE – Buenos Aires
CWB – Curitiba
FLN – Florianópolis
GYN – Goiânia
LON – Londres
MAO – Manaus

NYC – Nova York
PAR – Paris
POA – Porto Alegre
RIO – Rio de Janeiro
ROM – Roma
SAO – São Paulo

Siglas dos principais aeroportos nacionais

CGH – Congonhas (Aeroporto de São Paulo, capital)
CNF – Aeroporto de Confins, atual Tancredo Neves (Belo Horizonte, MG)
GIG – Galeão (Aeroporto Internacional do Rio de Janeiro, atual Tom Jobim)
GRU – Guarulhos (Aeroporto Internacional de Guarulhos, SP, atual Franco Montoro)
PPH – Pampulha (Aeroporto de Belo Horizonte, MG)
SDU – Santos Dumont (Aeroporto Doméstico do Rio de Janeiro)
VCP – Viracopos (Aeroporto Internacional de Campinas, SP)

Alfabeto fonético internacional para reservas de passagem, hospedagem e outras

A – Alfa	N – November
B – Bravo	O – Oscar
C – Charles	P – Papa
D – Delta	Q – Québec
E – Eco	R – Romeu
F – Fox	S – Sierra
G – Golf	T – Tango
H – Hotel	U – Uniform
I – India	V – Victor
J – Juliet	W – Whisky
K – Kilometer	X – Xadrez
L – Lima	Y – Yankee
M – Mike	Z – Zulu

Serviços de turismo emissivo e receptivo

Conceitos de turismo receptivo

1. Turismo Receptivo é o processo empresarial pelo qual se explora uma forma ou prática de turismo, por ocasião da chegada de pessoas (turistas, visitantes, passageiros, excursionistas, hóspedes) em um destino ou cidade ou polo turístico, devidamente planejado, estruturado e organizado. E a forma ou prática inversa denominamos de "turismo emissivo" que é a origem da pessoa, turista ou visitante.

2. Para Oliveira (2000, p. 94), turismo receptivo é aquele que "compreende-se pelo conjunto de serviços de apoio e assistência destinados à recepção de pessoas. Seria uma infraestrutura organizacional para o receber humano", não enfocando diretamente o autor os aspectos tangíveis (um hotel, uma pousada, um meio de transporte; enfim, um produto palpável) de boa qualidade.

3. O produto turístico pode ser entendido como o "conjunto de benefícios que o consumidor busca em uma determinada localidade e que são usufruídos tendo como suporte estrutural um complexo de serviços oferecidos por diversas organizações" (Vaz, 1999, p. 67).

4. Turismo Receptivo: "é uma cadeia de serviços que tem a capacidade técnica de atender bem ao turista, seja ele brasileiro ou estrangeiro". Esta definição foi lida por um dos integrantes do grupo de seis pessoas, após chegarem a um consenso sobre as propostas apresentadas (Oficina "Encontros de Turismo Receptivo". In: Promoção ABAV-CN, Embratur, Ministério do Turismo, Sebrae. Início oficinas 16 ago. 2004 – Porto Alegre/RS).

5. Turismo Receptivo é toda infraestrutura tangível e intangível voltada às pessoas que usufruem de um local, seja qual for a motivação; incluem-se entre as pessoas os moradores. Não há turismo receptivo eficaz quando não se valoriza a comunidade local, pois devemos pensar que a melhoria do turismo receptivo equivale à melhoria da hospitalidade, portanto, sem o turismo receptivo, todos os locais ou ambientes tornar-se-ão inóspitos. (Matos, 2012, p. 6).

By night – Excursão noturna com paradas em restaurantes e em casas de diversão noturnas.

Check-out – Horário previsto de saída do hóspede do hotel. *AM Check-Out* significa que a saída ocorrerá antes do meio-dia; e *PM Check-Out*, que a saída será depois do meio-dia.

Check-in – Horário de comparecimento ao aeroporto para despacho de bagagem e para o cumprimento das formalidades de embarque.

City tour – Passeio pela cidade percorrendo os pontos mais importantes.

FIT (*For Independent Tour*) – Viagem planejada e cotizada para atender especificamente ao desejo do turista ou passageiro. O cliente é que define ou escolhe aonde quer ir, como quer ir, o meio de transporte e o tempo de que dispõe.

Flat fee – Taxa única ou fixa. É o valor nominal cobrado mensalmente pela agência de turismo ao cliente corporativo pelo gerenciamento ou atendimento da conta corporativa de viagens, de acordo com o volume de negócios envolvidos, a complexidade dos serviços e as condições acordadas entre as partes.

Management fee – Taxa de gerenciamento. É a taxa aplicada pela agência de turismo sobre o valor líquido (tarifa aplicada com os descontos concedidos) da verba gasta pela empresa corporativa e administrada pela própria agência de turismo.

Peak season – Alta temporada.

Shore excursion – Excursão ("*minitour*") feita durante os cruzeiros quando o navio atraca em algum porto. Corresponde ao *sightseeing* ou ao *city tour*.

Sightseeing – Visita a lugares interessantes, podendo incluir locais fora da cidade.

Tour – Excursão. Pode ser aérea, terrestre, aquática ou mista. Geralmente é uma viagem em grupo: pacote turístico.

Transaction fee – Taxa por transação. Corresponde à taxa cobrada pela agência de turismo por cada serviço executado a um cliente (pessoa física ou jurídica). Exemplos: venda de passagem aérea, locação de veículo, reserva de hotel, renovação de passaporte, remarcação de passagem aérea etc.

Transfer – Traslado. Em geral, transporte do aeroporto ao hotel e vice-versa, mas pode ser usado para qualquer transporte entre dois pontos de serviços turísticos.

Voucher – Ordem de serviços turísticos terrestres emitida por uma agência de turismo.

Anexos

ANEXO 1
Exercícios de pesquisa

Com base nas questões propostas na página 37, item 3 "Do ponto de vista da agência de turismo", escolha um ou mais temas e desenvolva um projeto específico, conforme modelo a seguir.

Modelo de projeto

Título da proposta

Apresentação
Esse item consiste em informar do que trata a proposta, ou seja, dar um resumo do seu conteúdo.

1. **Identificação do projeto**
   1.1 Nome do projeto
   1.2 Área de atuação
   1.3 Função do projeto
   1.4 Coordenador
   1.5 Órgão executor
   1.6 Cronograma de implementação
   1.7 Outros dados de interesse
2. **Fundamentação e utilização dos resultados do projeto**
   Justificar as necessidades do projeto e da implementação.
3. **Objetivos**
   3.1 Objetivo geral: relatar o objetivo que se pretende alcançar em termos globais.
   3.2 Objetivos específicos: relatar os objetivos específicos compreendidos no objetivo geral (ou seja, detalhar os objetivos globais prioritários).

4   Metodologia e fontes de dados
    Esse item consiste na indicação: a) da metodologia fundamental para atingir os objetivos; b) das fontes de dados.

5   Prazos e cronogramas de realização do projeto
    Relatar a duração das fases de implementação e execução do projeto, com a representação gráfica.

6   Recursos humanos
    Esse item consiste na previsão dos recursos humanos necessários para o desenvolvimento e a efetiva execução do projeto.

7   Recursos materiais
    Discriminar todos os tipos de equipamento, móveis e utensílios, se necessário.

8   Recursos financeiros e cronograma de desembolso
    Discriminar os custos com recursos humanos (salários, encargos sociais, viagens etc.) e recursos materiais (móveis, utensílios, equipamentos, material de expediente etc.).

9   Avaliação e controle
    Especificar os instrumentos metodológicos para efetuar a avaliação e manter o controle do desenvolvimento e da implementação do projeto.

10 Referências bibliográficas
    Discriminar os documentos e as fontes de pesquisa utilizados para a elaboração do projeto.

11 Instituições, empresas e entidades possivelmente interessadas
    Relacionar as instituições e os demais interessados no projeto.

ANEXO 2
Exercícios de reciclagem e atualização

1   Decodifique as seguintes siglas:
    FIT   = ...
    IT   = ...
    PTA   = ...
    MAO   = ...

TKT = ...
Abav = ...
Snea = ...
Fenactur = ...
Abracorp = ...
ET = ...
GDS = ...
Oaci = ...
Anac = ...
PAX = ...
Twin = ...
CGH = ...

2 Complete as frases:
Voucher é uma .... de serviços turísticos terrestres.
O *voucher* pode ser ....
A viagem sob encomenda denomina-se ....
A sigla de colo (criança) é ....
A sigla de meia passagem é ....
Transfer é ....
No-show é ....
GRU é a sigla do .... de ....
GIG é a sigla do .... do ....
PAR é a .... da cidade de ....
BEL é a .... da cidade de ....
FLN é a .... da cidade de ....
SU é a .... da ....

3 O que é bagagem?
....
....

4 O que é bagagem desacompanhada?
....
....
....

5 Como o usuário deve proceder no caso de extravio da bagagem no aeroporto?
....
....
....

6 Assinale os principais clientes de uma agência operadora do turismo receptivo:
   a) locadora de veículos
   b) agências congêneres
   c) meios de hospedagem
   d) turistas
   e) hospitais
   f) universidades
   g) guias de turismo
   h) imprensa especializada em turismo
   i) empresas promotoras de congressos, eventos, feiras etc.

7 Cite três tipos de cliente de uma agência operadora de turismo receptivo:
   a) ....
   b) ....
   c) ....

8 Assinale as alternativas incorretas. As atividades privativas de agência de turismo são:
   a) locação de veículos
   b) venda de pacotes de terceiros
   c) venda de passagens aéreas
   d) venda de cruzeiros marítimos
   e) venda de ingressos para teatro e demais espetáculos
   f) encaminhamento da documentação do turista

9 Cite três funções de uma agência de turismo:
   a) ....
   b) ....
   c) ....

10 Cite cinco tipos de *tour* profissionais dos quais você gostaria de participar:
   a) ....
   b) ....

c) ....
d) ....
e) ....

11 Comente um *tour* profissional do qual você participou ou gostaria de participar:
....
....
....
....

12 Complete:
   a) Agência de turismo é uma .... prestadora de serviços de turismo.
   b) Uma agência de turismo exerce atividades........................ e ....
   c) Uma agência de turismo tem registros .... e ....

13 Cite três atividades não privativas da agência de turismo:
   a) ....
   b) ....
   c) ....

14 Assinale as alternativas corretas. Pela legislação em vigor, a agência de turismo:
   a) pode exercer a função de operadora turística.
   b) não pode operar câmbio-turismo.
   c) pode atuar como operadora de turismo receptivo e vendedora.
   d) pode promover pacotes de terceiros.
   e) pode vender pacotes de terceiros.
   f) não pode vender passagens aéreas.

15 Cite três funções de uma agência de turismo (visão acadêmica):
   a) ....
   b) ....
   c) ....

16 Assinale com X:
   a) Do ponto de vista comercial, a agência de turismo é a única revendedora/intermediária legalmente autorizada a oferecer ao público produtos e serviços de turismo.
               (   ) certo   (   ) errado

b) Podemos dizer, com toda a segurança, que a agência de turismo é o maior e melhor canal de vendas da atividade do turismo para os produtores ou fornecedores de serviços turísticos.
    ( ) certo   ( ) errado
c) O turismo receptivo pertence ao núcleo/polo emissor.
    ( ) certo   ( ) errado
d) As agências de turismo classificam-se em duas categorias.
    ( ) certo   ( ) errado
e) Somente as agências de turismo devidamente legalizadas podem operar o turismo emissivo e o turismo receptivo.
    ( ) certo   ( ) errado
f) O bilhete de passagem aérea é pessoal e transferível.
    ( ) certo   ( ) errado
g) O bilhete de passagem aérea é endossável e reembolsável.
    ( ) certo   ( ) errado
h) O bilhete de passagem aérea tem um ano de validade a partir da data de sua emissão, com garantia tarifária.
    ( ) certo   ( ) errado
i) O bilhete de passagem aérea não pode ser vendido parcelado ou a crediário.
    ( ) certo   ( ) errado
j) Uma agência de turismo pode endossar um bilhete de passagem aérea.
    ( ) certo   ( ) errado

17 Assinale os registros obrigatórios de uma agência de turismo:
 a) juntas comerciais estaduais
 b) Sindetur
 c) CNPJ/MF
 d) Iata
 e) Embratur
 f) prefeituras
 g) Abav
 h) MTur/Cadastur

18 Complete:
 a) Amadeus é um sistema de ....
 b) BSP/Iata é um sistema de ....

c) STUR é um sistema ....
d) Serasa é um sistema de ....

19 Assinale as alternativas incorretas:
    a) A Abav é uma associação que congrega agências operadoras turísticas.
    b) A Asta é uma associação de agências de turismo dos Estados Unidos.
    c) A Iata é uma associação que representa empresas aéreas nacionais.
    d) Sindetur é o sindicato patronal das agências de turismo.
    e) Fenactur é a Federação Nacional de Turismo, que congrega todos os Sindeturs.
    f) O Snea é o sindicato patronal das empresas aéreas nacionais.
    g) O Amadeus é um sistema de emissão de *vouchers* e PTAs.

20 Cite cinco serviços acessórios/serviços isolados prestados por uma agência operadora de turismo receptivo:
    a) ....
    b) ....
    c) ....
    d) ....
    e) ....

21 Assinale as alternativas corretas:
    a) As agências de turismo têm controle e fiscalização.
    b) As agências de turismo vendem passagens, hospedagens e excursões.
    c) As viagens em grupo não resultam em vantagens para o núcleo receptor.
    d) As agências de turismo podem operar excursões.

22 Assinale as alternativas incorretas:
    a) Sem transporte não há turismo.
    b) O avião é o meio de transporte mais barato.
    c) Tarifas promocionais não favorecem o turismo.
    d) Núcleo receptor é o local de onde partem os turistas.
    e) O turista é a figura central do turismo.
    f) Sem turista não há turismo.

23 Bilhete de passagem aérea é um contrato de transporte entre .... e
    ....

24 Cite três deveres do passageiro em viagens aéreas, os quais você considera os mais importantes:

a) ....
b) ....
c) ....

25 Por que o comandante é a autoridade máxima no avião?
....
....

26 O que significa endossar uma passagem aérea?
....
....

ANEXO 3
Legislação turística específica

Deliberação Normativa Embratur-IBT nº 161, de 9 de agosto de 1985 (Síntese)

Art. 1º – As relações comerciais entre as agências de turismo e seus usuários para operação de viagens e excursões obedecerão ao disposto nos artigos 25 a 31, da Resolução Normativa nº 4, de 28 de janeiro de 1983, do Conselho Nacional de Turismo – CNTur, na Deliberação Normativa nº 119, de 6 de outubro de 1983, e nesta Deliberação Normativa.

§ 1º – Para os fins deste artigo os acordos e contratos firmados serão sempre escritos, podendo ser individuais ou coletivos, admitindo-se, em ambos os casos, o contrato de adesão.

§ 2º – Nos contratos coletivos, normalmente destinados a "grupos fechados", observar-se-á que:

a) a adesão expressa do representante ou responsável pelo grupo implicará a adesão de todos os demais participantes;

b) o representante ou responsável pelo grupo – inclusive o cabeça do casal, no caso de grupo familiar – deverá apor seu "de acordo" nas "Condições Gerais" e "Condições Específicas ou Descrição do Programa", previstas nesta Deliberação Normativa;

c) a exigência constante da alínea anterior será dispensável quando o representante ou responsável pelo grupo for a agência de turismo;

d) as condições para a realização da viagem ou excursão, estabelecidas na forma desta Deliberação Normativa, pela Embratur e pela agência de turismo operadora, prevalecerão sobre quaisquer outras que venham a ser criadas pelo representante ou responsável pelo grupo e divulgadas aos demais participantes.

Art. 2º – As relações comerciais entre as agências de turismo e seus usuários, de que trata o artigo anterior, serão consubstanciadas em uma das formas seguintes:

I – mediante contrato com forma prevista ou não defesa em lei; ou

II – mediante os seguintes documentos:

a) recibo de quitação integral, ou recibo de sinal e princípio de pagamento, telex ou outro documento escrito, pelo qual fique evidenciada a intenção do usuário em participar da viagem ou excursão organizada pela agência de turismo, ou mediante comprovante de entrega ao usuário de "coupon" de serviço ou "voucher" devidamente assinado por responsável ou preposto da agência;

b) "Condições Gerais" para operação, pelas agências de turismo, de quaisquer programas de viagens e excursões, em modelo estabelecido pela Embratur, constante do Anexo I desta Deliberação Normativa; e

c) "Condições Específicas ou Descrição do Programa" para operação, pela agência de turismo, de determinado programa de viagem ou excursão, a serem por ela estabelecidas, observadas as especificações constantes do Anexo II desta Deliberação Normativa.

Art. 3º – No caso do inciso II do artigo anterior, as agências de turismo operadoras e vendedoras de programas de viagens ou excursões deverão dispor, para entrega aos usuários participantes desses programas, quando por estes solicitado, de folheto(s) ou impresso(s) contendo as "Condições Gerais" e "Condições Específicas ou Descrição do Programa", previstas nesta Deliberação Normativa, quando não incluídas no próprio roteiro.

Art. 4º – É vedado à agência de turismo operadora ou vendedora de viagens e excursões:

I – alterar, em sua forma ou conteúdo, as disposições contidas no Anexo I desta Deliberação Normativa;

II – inserir, nas "Condições Específicas" que vier a estabelecer, quaisquer dispositivos referentes aos assuntos ou itens constantes das "Condições Gerais" estabelecidas no Anexo I, com redação ou forma distintas daquelas previstas no referido Anexo;

III – deixar de incluir, nas "Condições Específicas ou Descrição do Programa", que estabelecer para cada programa de viagem ou excursão, as especificações previstas no Anexo II desta Deliberação Normativa;

IV – incluir em seus acordos, contratos ou documentos que expressem seu relacionamento comercial com os usuários quaisquer cláusulas ou disposições que contrariem a legislação em vigor.

Art. 5º – Para fins de cumprimento do disposto nesta Deliberação Normativa, as agências de turismo deverão adotar, em relação aos documentos que consubstanciem seu relacionamento comercial com os usuários para oferta de viagens e excursões (contratos formais, termos de adesão e responsabilidade, folhetos ou materiais promocionais equivalentes cujas cláusulas ou disposições acarretem a aceitação de seus termos para os usuários), um dos procedimentos seguintes:

I – elaborar os novos materiais ou substituir os anteriores observando, estritamente, o disposto nesta Deliberação Normativa;

II – utilizar o material existente apondo, em local que não prejudique a leitura das disposições nele contidas, a seguinte informação:

"As condições gerais e específicas ou descrição do programa de prestação destes serviços são objeto de Deliberação Normativa da Embratur, à disposição dos usuários nesta Empresa, sendo nulas as condições que a contrariem".

Art. 6º – A Diretoria de Operações da Embratur tomará, no âmbito de sua competência, as medidas necessárias à fiel execução do disposto nesta Deliberação Normativa, que entrará em vigor na data de sua publicação, revogadas as disposições em contrário.

A Deliberação Normativa nº 161 define ainda o que segue:

Anexo I – Condições Gerais

(Modelo de uso obrigatório para todas as agências de turismo que operem ou vendam excursões)

1. Responsabilidade da agência de turismo operadora.
2. Deveres e obrigações da agência de turismo operadora.
3. Responsabilidade do usuário participante da viagem ou excursão.
4. Deveres e obrigações do usuário participante da viagem ou excursão.
5. Casos de alteração ou cancelamento do programa admitidos na legislação de turismo.
6. Comunicação das alterações ou cancelamentos de programa admitidos na legislação em vigor.
7. Motivos para cancelamento parcial ou total do contrato ou acordo para realização de viagem ou excursão (excluídos os casos fortuitos ou de motivo de força maior).

8 Procedimentos decorrentes do cancelamento, parcial ou total, do contrato ou acordo para a realização de viagem ou excursão (excluídos os casos fortuitos e de força maior e admitidos na legislação).

Anexo II – Condições Específicas ou Descrição do Programa

(Informações que, obrigatoriamente, deverão constar das condições específicas a serem estabelecidas pelas agências de turismo para cada programa de viagem ou excursão que operem)

1. Identificação das agências de turismo operadora e vendedora.
2. Especificação da programação diária completa oferecida.
3. Serviços incluídos no preço do programa da viagem ou excursão.
4. Serviços não incluídos no preço do programa de viagem ou excursão (pagos ao prestador do serviço diretamente pelo usuário ou participante).
5. Especificação das datas previstas para início do programa de viagem ou excursão e sua duração.
6. Preço do programa de viagem ou excursão.
7. Casos de alteração ou cancelamento do programa previstos na legislação.
8. Condições para realização do programa de viagem ou excursão.
9. Adesão do participante de viagem ou excursão.
10. Reclamações.
11. Foro.
12. Data de emissão e validade do impresso.

Legislação

Para a regulamentação do setor turístico, é fundamental a existência de uma legislação básica e específica, voltada para o *desenvolvimento do turismo* e de âmbito nacional, estadual, regional ou municipal, conforme a área de atuação; e, mais fundamental ainda, a vigência da legislação específica para o desenvolvimento do turismo receptivo de um município ou região, definindo as diretrizes, os direitos e deveres e a política de turismo praticada por parte do órgão oficial de turismo.

Esse conjunto de normas deve prever/abranger a elaboração de planos de desenvolvimento que disciplinem o uso do solo para a preservação da paisagem, da flora e da fauna, além da preservação do patrimônio artístico, histórico e arqueológico.

Deve ainda dispor de uma legislação municipal de incentivos para o fortalecimento e o incremento do turismo receptivo e, finalmente, de leis federais e estaduais consolidando toda a legislação referente ao setor.

De acordo com a legislação, são as seguintes as definições para:

- *Consumidor*: toda pessoa física ou jurídica que utiliza ou adquire produto ou serviço como destinatário final.
- *Produto*: é qualquer bem móvel ou imóvel, material ou imaterial.
- *Fornecedor de serviços turísticos*: empresa classificada como prestadora de serviço, de acordo com a legislação turística vigente; abrange os meios de hospedagem, agências de turismo, transportadoras turísticas, acampamentos turísticos e empresas organizadoras de congressos.
- *Consumidor de serviços turísticos*: usuário final (turista, passageiro, excursionista, cliente), não importando a fonte de pagamento de suas despesas.
- *Serviço turístico*: qualquer atividade remunerada fornecida a consumo, como hospedagem, transporte, excursão, organização de eventos e demais atividades de natureza turística.

Material de uso diário

Roteiro turístico é o conjunto de núcleos receptores, atrações e entretenimentos turísticos de uma mesma viagem, passeio ou excursão.

Os principais documentos/formulários de uso em uma agência de turismo, dada sua importância, merecem atenção especial. Os principais formulários são analisados a seguir:

FR – Ficha de Reserva

A Ficha de Reserva, usada para registrar o desejo do cliente, empresa ou agência de turismo, deve ser numerada para facilitar o controle de atendimentos e de vendas efetivadas e não efetivadas. É a partir da Ficha de Reserva que damos início a toda a documentação contábil/financeira/operacional/de vendas da agência de turismo. A Ficha de Reserva pode ser manual (impressa) ou informatizada.

ACME TURISMO

ACME TURISMO LTDA
CNPJ.: 01.XXX.XXX/0001-X0 Inscr. Mun.: 2.XXX.XXX-0
AV. MARIA HELENA, 1000, 0º ANDAR, CJ 00-1
CEP: 01111-000, SÃO PAULO, SP, BRASIL
Fone: 11-XXXX-YYYY Embratur: 20396.00.41-9
Fax: 11-XXXX-YYYY Iata: 57-5 0286 3
Home Page:
E-Mail: acmetur@acmetour.com.br

SOLICITAÇÃO DE RESERVA

Reserva: 3411

Para: BOA VIAGEM PORTO ALEGRE ARPT
Contato/Atenção:
Telefone: (051) (51) XXXXX-5000
Fax: (051) XXXXX-5000
De: ACME TURISMO LTDA.
Emissor: ACME TURISMO
Data: 30/abril/2013
Ref.: SOLICITAÇÃO DE RESERVA DE HOTEL

01)
Cidade: PORTO ALEGRE
Hotel: SUNNY DAY
Entrada: 23/mai/2013
Saída: 24/mai/2013
Noites: 1
Regime: CAFÉ DA MANHÃ
Tipo de pagamento:
Acomodações: 01 SGL – Categoria: STD
Passageiro:
Confirmação:
Observações:
PAGAMENTO DIRETO NO HOTEL
GARANTIMOS NO-SHOW.
TRASLADOS PARA O VOO: RG 8721, 23/MAY, GUARULHOS 08H40/ PORTO ALEGRE 10H10
EARLY CHECK-IN AUTORIZADO PARA 23/MAY AS 11H00

São Paulo, 14 de maio de 2013   Assinatura: _____

Av. Maria Helena, 1000, 0º andar, CJ 00-1 – CEP: 01111-000, São Paulo, SP, Brasil
Fone: 11-XXXX-YYYY – Fax: 11-XXXX-YYYY – Iata: 57-5 0286 3 – E-Mail: acmetur@acmetour.com.br
"Navegar é preciso" – EMBRATUR – 23456.00.00-9

FICHA DE RESERVA

Ficha de Reserva Nº _____

Data da Solicitação: _____/_____/_____

Nome por Extenso:		
Telefone:	Solicitado por:	Funcionário Responsável:
Endereço:		Cidade/UF:

De	Para	Data	Cia	Nº Voo	Partida	Chegada	Nº Tkt	Classe	Situação	Observação

Passageiro: _____ *Localizador:* _____

Confirmado Por: _____

HOSPEDAGEM

Hotel		Cidade:
Entrada Dia	Saída Dia:	Hora:
Simples	Duplo	Triplo
Só Diárias	Extras	
Tarifa:	Total:	Comissão:

VEÍCULO

Modelo:		
Retirada/Dia:	Hora:	Local:
Entrega/Dia:	Hora:	Local:
Só Diárias	Extras	Seguro:
Tarifas:	Total:	Comissão

EXCURSÃO

Roteiro:		
Data Saída	Operador: Apto.	Hotel:
Preço P/ Pax:		

Av. Maria Helena, 1000, 0º andar, CJ 00-1 – CEP: 01111-000, São Paulo, SP, Brasil
Fone: 11-XXXX-YYYY – Fax: 11-XXXX-YYYY – Iata: 57-5 0286 3 – E-Mail: acmetur@acmetour.com.br
"Navegar é preciso" – EMBRATUR – 23456.00.00-9

ANEXOS

ACMETUR

ANÚNCIO		OPERADORA		FILE Nº	
END.:		TELEFONE		STUR Nº	
				CEP:	
FONE:	FAX:	CEL.:		E-MAIL:	

HOTEL | PERÍODO | | REGIME DE ALIMENTAÇÃO | | CIA. AÉREA/GSA |

PASSAGEIROS

	IDADE	VALOR DO PACOTE		
		QTDE.	VR. UNIT.	VR. TOTAL
		TAXA DE EMBARQUE		
		QTDE.	VR. UNIT.	VR. TOTAL
		OPCIONAIS		
		CARRO		
		HOTEL		
		SEGURO		

JUSTIFICATIVAS DE DESCONTOS | FORMA DE PAGAMENTO/PROGRAMA DE MILHAGEM

VALOR LÍQUIDO	
RECEBIMENTO CAIXA	
DATA ___/___/___	
VISTO CAIXA	VISTO DIRETORIA

OBSERVAÇÕES GERAIS

HOTEL: CIDADE: ENTRADA DIA: SAÍDA DIA: HORA:
SIMPLES: DUPLO: TRIPLO: SÓ DIÁRIAS: EXTRAS:
TARIFA: TOTAL: COMISSÃO:

CARRO: MODELO: RETIRADA/DIA: HORA: LOCAL:
ENTREGA/DIA: HORA: LOCAL: SÓ DIÁRIAS: EXTRAS: SEGURO:
TARIFA: TOTAL: COMISSÃO:

Voucher

Trata-se de documento pessoal e intransferível que comprova o pagamento e a prestação de serviços turísticos (terrestres) contratados pela agência de turismo. O *voucher* pode ser direto (emitido para o prestador do serviço) ou indireto (emitido por uma agência de turismo para a agência operadora do receptivo de destino do passageiro ou turista).

Modelo – *Voucher* (utilizável para quaisquer serviços)

Voucher Model (to all services)

Número – *Number*
Para – *To* (Prestador de Serviços)
Nome do Passageiro – *Passenger Name*
Serviço Solicitado – *Service Requested*
Número de Diárias – *Number Days Requested*
Sua Referência – *Your Reference*
Grupo "C" – Pick Up: Nov. 20/Par Loja – Drop off: Nov. 25/APT/CDG
Observações – *Remarks*
Assinatura – *Signature*
Confirmado e pago por meio de _____ (Agência de Viagens)
CFMD and paid through _____ (Travel Agency)
Inclui só diária – *Only a day included no extra charges*
Data – *Date*

No caso de cancelamento, notificar a agência em tempo hábil, para evitar cobrança de *no-show*.
In case of no-show, please notify agency in due time to avoid no-show charges.
Este *voucher* e a confirmação da reserva têm força de contrato.
This voucher and service requested confirmation represents a legal contract.

Nota de Débito

A Nota de Débito (ND) é o comprovante de entrega dos serviços solicitados pelo cliente à agência de turismo quando a venda for faturada. A ND corresponderia ao protocolo convencional.

ACME TURISMO

ACME TURISMO LTDA
CNPJ.: 01.XXX.XXX/0001-X0
AV. MARIA HELENA, 1000, 0º ANDAR, CJ 00-1
CEP: 01111-000, SÃO PAULO, SP, BRASIL
Fone: 11-XXXX-YYYY
Fax: 11-XXXX-YYYY
Home Page:
E-Mail: acmetur@acmetour.com.br

Inscr. Mun.: 2.XXX.XXX-0

Embratur: 20396.00.41-9
Iata: 57-5 0286 3

NOTA DE DÉBITO

Impresso em: 14/05/2013 14:21:15   *Reserva: 00003513*   *Fl.: 1/1*

Cliente:.. Vencimento....: ____/____/____

Número..........: **ND**

Telefone: ....
Pela presente, faturaremos a(s) passagem(ns) abaixo relacionada(s).

Passageiro	Tipo	Emissão	Bilhete	Dt. Saída	Rota			
	Fornecedor		Vlr. Original Câmbio		Valor [R$]	Taxas	Desconto	Total [R$]
	Observação							
	[ADT] 13/05/2004 2204001741 16/05/2004 POA/CGH							
	RG - 042		439,00 [R$] 1,000000		439,00	9,15	0,00	448,15
	[ADT] 13/05/2004 0000001201 14/05/2004 CPQ/CWB/POA							
	G9 - 000		320,00 [R$] 1,000000		320,00	7,20	0,00	327,20
	Total da Nota de Débito				759,00	16,35	0,00	775,35

SÃO PAULO, 13 de maio de 2013   Atenção: Caso constate alguma divergência nesta nota, favor
                                  solicitar as alterações antes do faturamento.

Emissor: ACME TURISMO

ACEITE: _____ Data: ___/___/___

Av. Maria Helena, 1000, 0º andar, CJ 00-1 – CEP: 01111-000, São Paulo, SP, Brasil
Fone: 11-XXXX-YYYY – Fax: 11-XXXX-YYYY – Iata: 57-5 0286 3 – E-Mail: acmetur@acmetour.com.br
"Navegar é preciso" – EMBRATUR – 23456.00.00-9

10º CONGRESSO BRASILEIRO DA BORRACHA
CONFIRMAÇÃO DE RESERVA

CÓDIGO DE RESERVA – XXXTU – 01

NOME DO HÓSPEDE	PERÍODO	NÚMERO DE NOITES	TIPO (DBL/SGL)	FORMA DE PAGAMENTO	VALOR TOTAL	COMISSÃO

Av. Maria Helena, 1000, 0º andar, CJ 00-1 – CEP: 01111-000, São Paulo, SP, Brasil
Fone: 11-XXXX-YYYY – Fax: 11-XXXX-YYYY – Iata: 57-5 0286 3 – E-Mail: acmetur@acmetour.com.br
"Navegar é preciso" – EMBRATUR – 20396.00.41-9

Rooming List

Documento contendo a relação nominal dos turistas, divididos nas acomodações que lhes são destinadas, em concordância com o número e o tipo que foram reservados. É sempre emitido em duas vias para um único hotel. No caso de haver hospedagem em mais de um hotel, devem ser emitidas tantas cópias quantos forem os hotéis utilizados.

Modelo de contrato de conta-corrente

I – PARTES

CONTRATANTE
(denominação social), CNPJ, Cadastur nº, sediada na (endereço), por seu representante legal, sr./sra. (nome do responsável e qualificação).

CONTRATADA
(denominação social), CNPJ, sediada na (endereço), por seu representante legal, sr./sra. (nome do responsável e qualificação).

II – OBJETO

Fornecimento de passagens aéreas e outros serviços turísticos pela CONTRATADA à CONTRATANTE, nas condições aqui estipuladas, conforme consta na proposta que passa a fazer parte integrante do presente.

III – ESTIMATIVA DO VALOR DO CONTRATO

As partes estimam que o valor mensal das passagens aéreas e outros serviços a serem solicitados pela CONTRATANTE será de R$ .... (............................ ....), que será o limite mensal de crédito a ela concedido pela CONTRATADA, independentemente de caução.

IV – RESPONSABILIDADE DA CONTRATADA

A CONTRATADA prestará os serviços solicitados pela CONTRATANTE, observada a especificação contida na proposta integrante do presente, responsabilizando-se por:

- atender com presteza às solicitações da CONTRATANTE, em sua sede própria ou outro local acordado com ela;
- indicar o contato principal (pessoa responsável) para atendimento da CONTRATANTE, sem prejuízo de atendê-la em sua ausência;
- prestar os serviços solicitados com observância das normas legais e regulamentares aplicáveis;
- enviar à CONTRATANTE a nota de débito correspondente aos serviços prestados, com a respectiva data de vencimento, segundo o prazo com ela convencionado;
- manter, a suas expensas, estrutura material e pessoal adequada ao atendimento da CONTRATANTE nos padrões ajustados.

V – RESPONSABILIDADE DA CONTRATANTE

A CONTRATANTE utilizará os serviços da CONTRATADA especificados na proposta integrante do presente, responsabilizando-se por:

- solicitar seus serviços de forma clara e precisa, por escrito ou, quando verbal, mediante confirmação escrita;
- indicar o contato principal com a CONTRATADA, a par de outros autorizados a solicitarem seus serviços;
- firmar as notas de débitos correspondentes aos serviços solicitados e prestados, reconhecendo sua liquidez e certeza;
- pagar pontualmente os serviços prestados na forma e prazo constantes das notas de débito emitidas pela CONTRATADA;
- reembolsar a CONTRATADA por taxas, preços ou honorários referentes a serviços não comissionados ou encargos de terceiros para os serviços solicitados e prestados.

VI – PRAZO

Este contrato vigorará por tempo indeterminado, a partir da data de sua assinatura, podendo ser rescindido por qualquer das partes, mediante pré-aviso escrito com antecedência mínima de 30 (trinta) dias, durante os quais permanecerão as responsabilidades recíprocas, sem prejuízo de reparação de perdas e danos e ressarcimento das despesas diretas decorrentes da rescisão.

VII – MULTA

A parte que infringir uma ou mais das obrigações ora estipuladas pagará à outra, independentemente do previsto na cláusula anterior, importância equivalente a 10% (dez por cento) do valor anual estimado na Cláusula III acima.

VIII – FORO

As partes elegem o foro de .... para dirimir eventuais pendências decorrentes do presente, renunciando expressamente a qualquer outro, por mais privilegiado que seja.

Por estarem assim acordadas, as partes firmam o presente e rubricam a proposta que o integra, em duas vias de igual teor, dispensando a assinatura de testemunhas e dando tudo por bom, firme e valioso, ao que se obrigam por si e sucessores a qualquer título.

..............................., ... de .... de ....

CONTRATANTE

CONTRATADA

Ficha de controle cadastral para contas corporativas

Frente

..............................., ... de .... de ....

À(Ao)

....

As pessoas relacionadas no verso deste cartão estão por nós AUTORIZADAS a requisitar passagens aéreas e demais serviços autorizados e contratados, a débito de nossa conta-corrente nessa Empresa.

....
carimbo da empresa e assinatura do responsável

Verso

RAZÃO: ....
ENDEREÇO: ....
TELEFONES: ....
INSC. ESTADUAL: ....
CNPJ: .... INSC. MUN. ....

C. corrente Nº ....
Prazo: ....
Aprovado em ....
Por: ....
Promotor: ....

NOME(S)

ASSINATURA(S)

Modelo de contrato de prestação de serviços

(A ser firmado entre a agência de turismo e um clube, associação de funcionários, escola, grêmio etc.)

Pelo presente instrumento particular de prestação de serviços técnicos de turismo entre as partes, de um lado a VSXY TUR do Brasil Turismo Ltda., inscrita no CNPJ/MF sob nº .... e Registro Embratur nº ...., com sede na Rua ...., nº ...., Bairro ...., Cidade ...., Estado ...., neste ato representada pelo seu sócio-gerente, Sr(a). .... (qualificação), doravante designada **VSXY TUR**, e de outro lado Grêmio **ATL** ...., representado pelo(a) Sr(a). .... (qualificação) com sede social na Rua .... nº ...., Bairro ...., Cidade ...., Estado ...., inscrita no CNPJ/MF sob nº ...., doravante denominada **ATL**, têm entre si, justo e combinado, o que segue:

1. Do Objetivo: divulgar aos funcionários e seus dependentes todos os pacotes turísticos nacionais e internacionais, passagens aéreas nacionais e internacionais, viagens marítimas, locação de veículos, documentação de viagens ao exterior e demais serviços pertinentes a atividades turísticas e de interesse dos funcionários da ATL, associados e seus familiares.
2. Do Material de Divulgação: todo material a ser distribuído, bem como as informações a serem publicadas em *Circular Interna*, deverão ser discutidas e analisadas, previamente, entre as partes. Sempre deverá haver o "de acordo" no texto a ser divulgado das partes envolvidas.
3. Da Forma de Divulgação: a divulgação dos pacotes será feita por meio de *Circular Interna* editada pela ATL ou pela VSXY TUR e destinada aos funcionários.
4. Do Controle de Vendas: a ATL manterá um controle dos funcionários que forem indicados à VSXY TUR. Por sua vez, a VSXY TUR manterá um controle à parte dos solicitantes de serviços com nome/setor de trabalho/pacote ou serviço solicitado/data da compra/data da emissão do cheque (quando pré-datado)/valor da comissão a ser paga. Esse controle será expresso em livro próprio para consulta a qualquer momento pela ATL.
5. Da Comissão: a comissão será repassada sobre pagamento à vista ou parceladamente, até que se estabeleça outro critério, em razão das alterações de mercado; nesse caso, deverá ser comunicado com antecedência de 15 (quinze) dias.

a) Da Forma de Comissionamento:
- ....% (......... por cento) nos pacotes da Voejar Turismo enquanto a VSXY TUR mantiver o acordo exclusivo de venda com a citada operadora;
- ....% (......... por cento) sobre pacotes turísticos de qualquer operadora e demais serviços turísticos, previstos no item 1;
- ....% (......... por cento) nos casos de viagens a *forfait* – viagem proposta e combinada pelo(s) interessado(s) – viagens de afinidade, ou seja, pacote ou viagem programada para atender aos interesses e necessidades do indivíduo ou do grupo, bem como para cruzeiros marítimos nacionais ou internacionais;
- ....% (......... por cento) sobre passagens aéreas internacionais no pagamento à vista e nos demais serviços de passagens domésticas.

6 Do Prazo de Validade: o presente acordo comercial terá um ano de validade, a partir da data de assinatura. A rescisão deste contrato poderá ocorrer a qualquer tempo, desde que haja uma comunicação por escrito com antecedência de 60 (sessenta) dias, ocasião em que ocorrerá o necessário acerto de contas.

7 Fica eleito o foro de .... para dirimir quaisquer dúvidas ou questões oriundas do presente contrato.

Por estarem as partes nesta e na melhor forma de direito, assinam o presente contrato em duas vias de igual teor, na presença das testemunhas abaixo assinadas, a todo o ato presentes.

........................, de .... de ....

VSXY TUR DO BRASIL LTDA.
GRÊMIO ATL

Testemunhas:

Nome:
RG:
CPF:

Nome:
RG:
CPF:

ORDEM DE PASSAGEM – MODELO MANUAL

São Paulo,   DE   DE

Ao	
(Nome)	
End.:	
A/C	
Fone/Fax:	

Nº 0951

Prezados Senhores:
Vimos pela presente solicitar a emissão do(s) seguinte(s) bilhete(s):

Rota:

DE	PARA	CIA.	Nº VOO	DATA EMB.	HORÁRIO DO VOO

Localizador: ....
Tarifa Us$ .... Câmbio R$ .... Total R$ ....
Taxa de Embarque R$ .... Total R$ ....

....
Atenciosamente

Av. Maria Helena, 1000, 0º andar, CJ 00-1 – CEP: 01111-000, São Paulo, SP, Brasil
Fone: 11-XXXX-YYYY – Fax: 11-XXXX-YYYY – Iata: 57-5 0286 3 – E-Mail: acmetur@acmetour.com.br
"Navegar é preciso" – EMBRATUR – 23456.00.00-9

ACME TURISMO

ACME TURISMO LTDA.
CNPJ............: 01.XXX.XXX/0001-X0   Inscr. Mun.: 2.XXX.XYZ-0
AV. MARIA HELENA, 1000, 0º ANDAR, CJ00-1
CEP: 01111-000, SÃO PAULO, SP, BRASIL
Fone.............: 11-XXXX-YYYY   Embratur..: 20396.00.41-9
Fax................: 11-XXXX-YYYY   Iata...........: 57-5 0286 3
Home Page:
E-Mail............: XXXtur@XXXtur.com.br

ORDEM DE PASSAGEM – MODELO IMPRESSO ELETRONICAMENTE

Impresso em: 14/05/2004 14:54:40   Reserva: 00003513

Fornecedor.:   Número...............: OP00001033
                                                 Produto................: TKTN

Vimos pela presente solicitar a V.Sa. a gentileza de providenciar a(s) emissão(ões) que se discrimina(m), conforme Resolução Iata 810.

Passageiro	Tipo	Base tarifária	Valor Tarifa	Câmbio	Valor [R$]	Tx. Embarque	Tx. Extras	Total [R$]
	[ADT]	Y	454,00 [R$]	1,000000	454,00	17,40	0,00	471,40
	[ADT]	Y	454,00 [R$]	1,000000	454,00	17,40	0,00	471,40
	[ADT]	Y	454,00 [R$]	1,000000	454,00	17,40	0,00	471,40

Dt. Solicitação: 14/05/2004   Totais........: 1.362,00   52,20   0,00   1.414,20
                                                                                       – Entrada   0,00
                                                                                    = Total Cartão 1.414,20

Forma Pagto: CARTÃO CRÉDITO CLIENTE (em 3x) Rota: GRU/SSA/GRU
Cia Cartão.... = Total Cartão 1.414,20

Cia	Voo	CL	Data	De	Para	Saída	Chegada	Status	Prazo	Hora	Loc	Cód. Tarifa
JJ	2300	S	21/05/2004	GRU	SSA	07:00:00	09:15:00			00:00:00	GNRVZZ	
JJ	3869	Y	24/05/2004	SSA	GRU	02:10:00	04:25:00			00:00:00	GNRVZZ	

"O valor total ou o valor da entrada, quando vendido a crédito, do bilhete acima discriminado será recebido do seu beneficiário contra entrega e mantido sob nossa custódia para depositá-lo, como restituição, no banco e na data indicados no seu relatório por dezena. Como mandatários, obrigamo-nos, sob as penas da lei, a não retê-lo ou aproveitá-lo em razão da posse."

SÃO PAULO, 14 de maio de 2004
ACME TURISMO

ACME Turismo Ltda. – Av. Maria Helena, 1000, 0º andar, CJ00-1 – CEP: 01111-000 – São Paulo - SP – Brasil
Fone.: 11-XXXX-YYYY – Fax: 11-XXXX-YYYY – E-Mail: acmetur@acmetur.com.br – Embratur: 20396.00.41-9

Referências

Legislação pertinente

Decreto-Lei nº 1.455/76, de 7 de abril de 1976. Disponível em: <http://www.receita.fazenda.gov.br/Legislacao/Decretos-leis/DecLei145576.htm.>. Acesso em 25 out. 2013.

Lei nº 8.078, de 11 de setembro de 1990. Disponível em: <http://www.planalto.gov.br/ccivil_03/leis/l8078.htm>. Acesso em 25 out. 2013.

Código Brasileiro de Defesa do Consumidor (Lei nº 8.078, de 11 de setembro de 1990). Disponível em: <http://www2.planalto.gov.br>. Acesso em 25 out. 2013.

Portaria 676/GC-5, de 13 de novembro de 2000. Disponível em: <http://www2.anac.gov.br/biblioteca/portarias/port 676GC5.pdf> Acesso em 25 out. 2013.

Lei nº 11.771, de 17 de setembro de 2008. Disponível em: <http://www.planalto.gov.br/ccivil_03/_ato2007-2010/2008/lei/l11771.htm>. Acesso em 28 out. 2013.

Resolução nº 138, de 9 de março de 2010. Disponível em: <http://www2.anac.gov.br/biblioteca/resolucao/2010/RA2010-0138.pdf>. Acesso em 25 out. 2013.

Resolução nº 140, de 9 de março de 2010. Disponível em: < http://www2.anac.gov.br/biblioteca/resolucao/2010/RA2010-0140.pdf>. Acesso em 25 out. 2013.

Resolução nº 141, de 9 de março de 2010. Disponível em: < http://www2.anac.gov.br/biblioteca/resolucao/2010/RA2010-0141.pdf>. Acesso em 25 out. 2013.

Instrução Normativa da RFB nº 1.059, de 2 de agosto de 2010. Disponível em: <http://www.receita.fazenda.gov.br/legislacao/ins/2010/in10592010.htm>. Acesso em 25 out. 2013.

Resolução nº 196, de 24 de agosto de 2011. Disponível em: <http://www2.anac.gov.br/biblioteca/resolucao/2011/RA2011-0196.pdf>. Acesso em 25 out. 2013.

Livros técnicos

ABAV-CN, Embratur, Ministério do Turismo, Sebrae. Início oficinas 16 ago. 2004 – Porto Alegre/RS.

EMBRATUR/ABRESI – Associação Brasileira das Entidades de Hospedagem, Alimentação e Turismo. *A indústria do turismo no Brasil*: perfil e tendências. São Paulo, 1995/1996.

FERRAZ, J. *Regime jurídico do turismo*. Campinas: Papirus, 1998.

FRANCO, H. *Vá e volte numa boa*: a desmistificação da alfândega. São Paulo: Navegar, 1994.

MATOS, F. de C. "Turismo Receptivo e Terceiro Setor: Ações de Fomento". In: *Anais do VII Seminário de Pesquisa em Turismo do Mercosul*, 16 a 17 nov. 2012 – UCS-Caxias do Sul/RS.

MAGALHÃES, G. *Transportes turísticos*. São Paulo: PHS, 2002.

OLIVEIRA, A. P. *Turismo e desenvolvimento*. São Paulo: Atlas, 2000.

PAGE, J. *Transportes e turismo*. Porto Alegre: Artmed, 2001.

PELIZZER, H. A. *Introdução à técnica do turismo*: transportes. São Paulo: Pioneira, 1978.

SILVA FILHO, J. de J. *Manual do usuário do transporte aéreo*. Rio de Janeiro: Airinform, 1996.

TOYNBEE, A. In: WAHAB, S.-E. A. *Introdução à administração do turismo*. São Paulo: Pioneira, 1977.

VAZ, G. N. *Marketing turístico*: receptivo e emissivo. São Paulo: Pioneira, 1999. p. 67.

WAHAB, S.-E. A. *Introdução à administração do turismo*. São Paulo: Pioneira, 1977.

Este livro foi impresso pela Bartira Gráfica e Editora S.A.,
em papel offset 70 g/m² no miolo e cartão 250 g/m² na capa,
para as editoras Senac Rio de Janeiro e Cengage Learning, em dezembro de 2013.